DE

LA DEMEURE

EN DROIT ROMAIN.

DES

CONTRATS ENTRE ÉPOUX

EN DROIT FRANÇAIS.

—

THÈSE

PRÉSENTÉE A LA FACULTÉ DE DROIT DE POITIERS

POUR OBTENIR LE GRADE DE DOCTEUR

ET SOUTENUE LE LUNDI 12 DÉCEMBRE 1864, A 2 H. 1/2 DU SOIR,

DANS LA SALLE DES ACTES PUBLICS DE LA FACULTÉ,

Par PAUL DELOYNES,

Avocat à Poitiers.

POITIERS

IMPRIMERIE DE A. DUPRÉ

RUE DE LA MAIRIE, 10

1864

DE

LA DEMEURE

EN DROIT ROMAIN.

DES

CONTRATS ENTRE ÉPOUX

EN DROIT FRANÇAIS.

—

THÈSE

PRÉSENTÉE A LA FACULTÉ DE DROIT DE POITIERS

POUR OBTENIR LE GRADE DE DOCTEUR

ET SOUTENUE LE LUNDI 12 DÉCEMBRE 1864, A 2 H. 1/2 DU SOIR,

DANS LA SALLE DES ACTES PUBLICS DE LA FACULTÉ,

Par PAUL DELOYNES,

Avocat à Poitiers.

POITIERS

IMPRIMERIE DE A. DUPRÉ

RUE DE LA MAIRIE, 10

—

1864
1865

Commission:

Président,	M. RAGON.
Suffragants,	M. GRELLAUD ✳, doyen,
	M. ABEL PERVINQUIÈRE ✳,
	M. BOURBEAU ✳,
	M. LEPETIT,

Professeurs.

Vu par le président de l'acte public,

RAGON.

Vu par le doyen,

H. GRELLAUD ✳.

Vu par le recteur,

DESROZIERS (O. ✳).

Les visas exigés par les règlements sont une garantie des principes et des opinions relatives à la religion, à l'ordre public et aux bonnes mœurs (statut du 9 avril 1825, art. 41), mais non des opinions purement juridiques, dont la responsabilité est laissée au candidat.

Le candidat répondra en outre aux questions qui lui seront faites sur les autres matières de l'enseignement.

A LA MÉMOIRE DE MON PÈRE.

A MES PARENTS, A MES AMIS.

DROIT ROMAIN.

DE LA DEMEURE.

PROLÉGOMÈNES.

Le premier, le principal effet de toutes les conventions est de conférer à chaque contractant le droit réciproque de contraindre l'autre à les exécuter au lieu indiqué, au temps déterminé par les parties. Le créancier a souvent un intérêt puissant à ce qu'il n'y ait aucun retard dans cette exécution, de même que le débiteur peut tenir essentiellement à payer à l'époque convenue, de manière à être libéré. Mais si le débiteur retarde le payement, il est de toute justice de donner au créancier le moyen d'obtenir réparation du préjudice qui en résulte pour lui, tout en lui imposant l'accomplissement de certaines formalités, qui sont la sauvegarde de celui qui s'est engagé envers lui. De même si, le débiteur voulant se libérer, le créancier ne se présente pas au lieu et au temps convenus pour recevoir le payement, le débiteur a intérêt à ne pas garder la chose en sa possession et à transporter toute la responsabilité des risques et périls sur le créancier. Répondre à cet intérêt, qui existe à la fois, ainsi que nous venons de le montrer, et pour le créancier et pour le débiteur, tel est le but et l'effet de la demeure.

Mais, avant d'aller plus loin et d'examiner en détail les conditions requises pour l'existence de la demeure du créancier ou du débiteur, nous croyons utile d'exposer le plus brièvement possible les règles relatives à l'époque et au lieu d'exigibilité des obligations, parce qu'elles dominent toute cette matière, et parce que nous aurons à en faire, à diverses reprises, l'application.

Pour fixer le lieu où une obligation doit être exécutée, il faut remarquer que certains actes, qui sont l'objet de beaucoup de conventions, ne peuvent s'accomplir que dans un lieu déterminé d'une manière fatale, comme la tradition d'un immeuble, l'exécution de travaux sur un fonds. Il est évident que, dans ces cas, le lieu de la prestation est fixé par la nature même des choses, et que la convention des parties ne peut pas le changer. La prestation devra donc s'opérer dans le lieu de la situation de l'immeuble, du fonds dont il s'agit.

Beaucoup d'autres actes, on peut même dire le plus grand nombre des actes qui font l'objet des conventions, ne renferment pas en eux-mêmes la détermination du lieu de l'exécution. Tels sont, pour ne citer que quelques exemples, le payement en argent, le travail sur une chose mobilière. Il peut alors se présenter deux hypothèses bien distinctes : ou la convention elle-même fixe le lieu dans lequel doit s'effectuer la prestation, ou la convention est muette à cet égard.

Dans le premier cas, c'est-à-dire quand la convention fixe le lieu où devra avoir lieu la prestation, le créancier ne peut actionner son débiteur que dans ce lieu; et son droit est tellement limité, qu'il ne peut même pas l'actionner au lieu de son domicile (1).

Il se présentait alors un inconvénient fort grave : c'est que l'exercice de l'action devenait impossible, si le dé-

(1) *Secus,* art. 59, § *ult.,* Pr. civ.

fendeur ne se présentait pas au lieu convenu. Cet inconvénient se faisait vivement ressentir, dès qu'il s'agissait de *judicia stricti juris*; il n'existait même aucun moyen de le corriger dans ce cas. Dans les *judicia arbitraria*, on avait recours à une exception de dol. Dans les *judicia bonœ fidei*, tout au contraire, jamais un semblable inconvénient ne se présentait. La loi, en effet, accordait au juge le droit et lui imposait l'obligation de tout apprécier *ex œquo et bono*; il pouvait, en conséquence, faire entrer dans le calcul du montant de la *condemnatio* l'appréciation de l'intérêt qu'avaient l'une ou l'autre partie à ce que le payement eût lieu dans l'endroit convenu. Ce pouvoir appréciateur du juge dans les actions de bonne foi résultait de la formule de la *condemnatio*, qui renfermait ces mots : *in id quod interest condemna*.

Dans les *stricti juris judicia*, au contraire, le juge ne jouissait pas du même pouvoir; et comme demander l'objet dans un lieu autre que l'endroit convenu était une plus-pétition, le demandeur devait perdre son procès, s'il ne se conformait pas à la convention en intentant son action; l'exercice de cette action devenait donc impossible. C'est pour remédier à ces inconvénients que les préteurs, corrigeant les rigueurs du droit civil, introduisirent l'action *de eo quod certo loco*; et, au lieu d'accorder au demandeur une *condictio*. ils lui donnèrent cette action arbitraire.

Si, dans la convention, deux ou plusieurs lieux ont été désignés conjointement pour l'exécution de l'obligation, le payement devra s'effectuer pour partie dans chacun d'eux; et, si le créancier poursuit l'exécution de la convention au domicile du débiteur, le juge aura égard à tous les lieux désignés dans la convention pour fixer l'estimation de la chose.

Si deux lieux sont alternativement désignés pour le payement, le créancier aura le droit de choisir le tribunal devant lequel il intentera son action : *petitorem electionem habere ubi petat;* le débiteur, celui de choisir le lieu où il payera : *reum ubi solvat* (1). Néanmoins le débiteur ne jouit de ce droit qu'à condition de l'exercer avant la demande du créancier, et ce dernier pourvu qu'il en use avant sa mise en demeure, ce qui est conforme aux règles de l'équité. Si donc dans deux lieux alternativement désignés devaient se payer deux choses différentes, s'il y avait, comme dit la L. 2, § 3, D. *de eo quod certo loco, mixta rerum alternatio locorum alternationi*, le créancier aurait, pourvu qu'il ne fût pas prévenu par des offres valables de la part du débiteur, le choix du lieu où il intenterait la poursuite, et, comme conséquence, le choix de l'objet qui lui serait dû. S'il n'en était pas ainsi, le débiteur pourrait constamment le renvoyer d'un lieu à un autre, et échapper par ce moyen à la nécessité d'exécuter son obligation.

Nous arrivons maintenant à la seconde partie de la distinction que nous avons posée plus haut, c'est-à-dire au cas où la convention est muette sur le lieu de son exécution et où, en conséquence, ce lieu est indéterminé.

L'indétermination du lieu n'a pas seulement pour effet de laisser plus de latitude au créancier, quant au lieu où il poursuivra l'exécution, mais encore elle a, dans un cas, une influence telle, qu'elle rend la stipulation nulle. Quand on stipule une obligation de faire sans déterminer le lieu où elle devra être exécutée, *v. g.* une obligation de construire, il n'y a pas d'obligation : *non valet stipulatio*, dit la L. 2, § 5, D. *de eo quod certo loco*. Si, au contraire, le *facere* comprend des prestations personnelles, comme dans le louage d'ouvrage, le créancier *conductor operarum* pourra exiger l'exécution au lieu qu'il désignera lui-même, mais à condition de supporter

(1) L. 2, § 3, D. *de eo quod certo loco.*

les frais de transport nécessaires pour cette exécution.

S'il s'agit de restituer, de livrer ou de donner des choses déterminées, des corps certains, la restitution ou la livraison de la chose devra être effectuée, et par conséquent ne pourra être poursuivie que devant le juge du lieu où la chose se trouve sans dol de la part du débiteur. Mais ce ne sera pas le seul lieu où le demandeur pourra poursuivre son payement; il aura la faculté d'exercer le même droit devant le juge du lieu du domicile du débiteur.

S'agit-il, au contraire, de donner ou de livrer des choses génériques ou fongibles, le lieu où l'on peut poursuivre le payement est l'endroit du domicile du débiteur. La loi y ajoute, en interprétant sagement la volonté présumée des parties, le *forum contractus*, parce qu'il est probable, à moins d'une intention contraire, qui pourra résulter soit des termes mêmes de la convention, soit des circonstances qui l'ont accompagnée, que les parties ont envisagé l'exécution de l'obligation comme pouvant fort bien avoir lieu à l'endroit même où s'est formée la convention.

Aucun des textes du droit romain n'exigeant que le créancier poursuive l'exécution de l'obligation dans un endroit plutôt que dans un autre, nous lui laissons le choix, suivant les cas et les distinctions que nous venons d'établir, entre les tribunaux suivants : *forum domicilii, forum contractus, forum rei sitæ* (1).

Il nous reste, pour accomplir la tâche que nous nous étions tracée au début de ce chapitre, à déterminer l'époque d'exigibilité d'une obligation.

En principe, toute obligation est présumée avoir été contractée purement et simplement (2); elle devient donc exigible dès l'instant où elle est parfaite.

(1) *Secus*, art. 1247 C. C.
(2) Les L. 41, § 1, D. *de verb. oblig.*; L. 213 pr. D. *de verb. signif.*, et L. 140, D. *de reg. juris*, établissent cette règle.

Mais à cette règle si équitable, et que toutes les législations ont reconnue et consacrée, il y a des exceptions résultant soit de la nature de l'objet de l'obligation et de la volonté présumée des parties, soit de la manifestation expresse de leur intention à cet égard. Nous allons passer successivement en revue ces diverses exceptions.

1° L'obligation à terme ne peut être payée, et l'exécution n'en peut être poursuivie qu'autant que le terme est entièrement expiré, c'est-à-dire que tous les instants du dernier jour du terme sont écoulés (1). En effet, il y a là manifestation expresse de l'intention des parties de renvoyer l'exigibilité de l'obligation à l'époque de l'échéance du terme. Ainsi celui qui a promis de payer dans l'année ne peut pas être poursuivi avant la fin du dernier jour de cette année. Le terme est toujours censé stipulé en faveur du débiteur, à moins de convention contraire (2); et la L. 41, § 1, D. *de verborum obligationibus*, qui nous donne le motif de cette présomption, peut se résumer par cette maxime de notre ancienne jurisprudence : *Qui a terme ne doit rien*. Puisque c'est là une faveur que la loi de la convention lui accorde, le débiteur peut renoncer au bénéfice du terme et payer de suite son créancier (3).

Mais s'il résulte soit de l'acte lui-même, soit des circonstances qui ont précédé et accompagné la convention, que le terme a été stipulé en faveur du créancier, le débiteur ne pourra pas se libérer en payant avant le terme, à moins que le stipulant n'y consente, et il ne pourra constituer le créancier en demeure que lorsque le dernier instant du terme sera écoulé (4). Il en sera de même s'il existe des motifs spéciaux et exceptionnels, qui

(1) Cf. art. 1186 C. C., art. 161 et 162 Co.
(2) Cf. art. 1187 C. C.
(3) Cf. art. 1186 C. C., *in fine*.
(4) Cf. art. 1187 C. C., *in fine*.

montrent d'une manière indubitable l'intention de prohiber une prestation anticipée.

2° Une seconde source d'exceptions à notre règle découle de la nature même des choses. Quand l'acte stipulé et promis ne peut pas s'exécuter de suite, ou quand l'obligation a pour objet une chose future, *v. g.*, une prestation à une grande distance, la vente de l'enfant dont une femme doit prochainement accoucher, la vente de fruits, les parties sont présumées s'être accordé le délai nécessaire pour que l'exécution soit possible. Il en est de même quand il s'agit d'une prestation qui ne peut pas s'exécuter en tout temps, mais seulement à une certaine époque déterminée par la nature même des choses, *v. g.*, la construction d'une maison.

3° La loi elle-même accorde, dans des cas déterminés, un délai pour l'acquittement d'une obligation : tels sont les termes concédés pour la restitution de la dot (1); le délai de deux mois accordé à tout condamné pour payer le *judicatum.*

4° Il existe enfin certains cas exceptionnels où le juge jouit du droit d'accorder des délais modérés pour le payement (2). Ainsi ce délai modéré, *modicum tempus,* est sous-entendu et tacitement accordé à la partie qui, ayant compromis devant le juge, a été condamnée par un jugement arbitral. Dans le cas de constitut, le juge, bien que l'engagement de la partie soit pur et simple, doit cependant accorder un délai modéré de dix jours au moins. (L. 21, § 1, D. *de constituta pecunia.*) Ce résultat découle de la nature même du constitut. Ce pacte prétorien est, en effet, celui par lequel une personne se constitue débitrice pour une autre et promet de payer. Si l'on pouvait exiger de suite le payement, il y aurait

(1) Cf. art. 1565 C. C.
(2) Cette exception est devenue aujourd'hui une règle générale de notre droit (art. 1244 C. C.).

libération immédiate, et non pas seulement promesse
d'acquittement, ainsi que cela est nécessaire pour l'existence du constitut.

Pour l'obligation conditionnelle, elle ne peut être acquittée et l'exécution n'en peut être valablement poursuivie qu'autant que la condition est accomplie (1); et si
à la condition les parties ont ajouté un terme, il faut,
avec l'accomplissement de la condition, que le terme soit
expiré pour qu'on puisse poursuivre l'exécution de la
convention.

Après cet exposé préliminaire, nous arrivons naturellement à définir le mot *mora* et à établir la division
de notre sujet.

Dans sa signification naturelle et primitive, le mot
mora, en grec μαρα, signifie un délai, un laps de temps;
c'est ainsi que nous trouvons les expressions *moram facere, moram inferre alicui*, pour signifier: apporter un
retard, différer une chose. C'est ainsi que la L. 7, D.
quando dies legatorum, s'exprime en ces termes: *Heredis aditio moram legati quidem petitioni facit, cessioni
diei non facit:* l'adition d'hérédité peut suspendre ou
différer le *dies venit*, mais non le *dies cedit*. Ainsi *mora*
signifie retard; *esse in mora*, être en retard; *solutioni
moram facere*, être en retard de payer.

Mais, dans le sens technique et juridique, le mot *mora*
nous offre une signification toute différente. Il ne suffit
pas, pour qu'un débiteur soit *in mora*, qu'il ait omis de
faire le payement au jour voulu; car la L. 127, D. *de verborum obligationibus*, nous dit: *Nulla intelligitur mora
ibi fieri, ubi nulla petitio est*. Il résulte de cette loi que le
simple retard ne suffit pas pour constituer le débiteur en
demeure. La L. 32, D. *de usuris et fructibus*, venant
expliquer la L. 127, nous dit: *Mora fieri intelligitur, si*

(1) Cf. art. 1181 C. C.

interpellatus opportuno loco non solverit. Ainsi il ne suffit pas du simple retard pour qu'il y ait demeure, il faut en outre qu'il y ait *interpellatio,* et cette exigence de la loi est parfaitement conforme à l'équité. Le créancier qui, malgré le défaut de payement au terme convenu, garde le silence et n'adresse pas à son débiteur une sommation, est censé n'avoir aucun intérêt à être payé à l'échéance; tandis que par la sommation, par l'interpellation, il devient certain qu'il est lésé dans ses intérêts.

Pour que la demeure existe, il est nécessaire qu'il y ait une faute imputable à celui qui est en retard. C'est le principe consacré par le § 1 de la L. 23, D. *de receptis, qui arbitrum receperunt.* Ce principe d'équité est également admis, en matière de jugement, pour celui qui a donné caution de se présenter en justice et qui n'y comparaît pas (1).

Des auteurs cependant ont cru devoir soutenir l'opinion contraire. Ils tirent argument tout d'abord des L. 9, D. *de nautico fœnore,* et 49, § 2, D. *de verborum obligationibus.* Ces lois décident, en effet, que la peine est encourue par le non-payement à l'échéance, alors même que le débiteur se trouve dans l'impossibilité de payer, pourvu que le créancier ne soit pas l'auteur de cette impossibilité. Si l'on confond le simple retard avec la demeure proprement dite, il y a dans la conciliation de ces textes avec la L. 23, § 1, D. *de receptis, qui,* etc., une difficulté inextricable. Nous verrons, au contraire, qu'il faut soigneusement distinguer le simple retard de la demeure. La demeure, pour nous, implique faute; le simple retard produit des effets importants, alors même que le débiteur n'est pas en faute, ou plutôt la convention produit des effets qui résultent du simple retard comme

(1) L. 2, § 1, D. *si quis cautionibus in judicio sistendi.*

d'une condition. Les textes que l'on invoque contre notre opinion s'appliquent seulement au simple retard, et non à la demeure proprement dite.

Ceux qui n'exigent pas l'existence de la faute comme une condition essentielle de la demeure font observer, en outre, que, si le législateur avait voulu suivre l'opinion que nous avons émise, il eût distingué entre les divers degrés de faute. Il nous semble, au contraire, que ce n'était pas ici le lieu pour le législateur d'exposer la théorie des fautes, d'autant plus que l'existence de la demeure est impossible sans une faute grave. Le législateur a, en conséquence, trouvé inutile de distinguer différents degrés de faute, et quand il parle de la demeure sur sommation, il est toujours dominé par l'idée de l'existence d'une faute grave.

Je définirai donc la demeure : le retard injuste apporté, après sommation, soit au payement d'une dette, soit à la libération du débiteur.

Néanmoins, comme le dit fort bien la L. 32, D. *de usuris et fructibus*, c'est une question de fait plutôt que de droit, abandonnée par la loi à la prudence du magistrat, ainsi que nous le montrerons en examinant les conditions requises pour l'existence de la demeure.

De la définition même que nous venons de donner résulte la division de notre sujet. Nous aurons à examiner et la demeure du débiteur et celle du créancier. Nous croyons plus rationnel et plus utile d'examiner parallèlement ces deux demeures, en divisant notre matière en trois parties. Dans la première, nous nous occuperons des conditions de la demeure; dans la seconde, des effets de la demeure ; enfin, dans la troisième, des moyens de faire cesser la demeure et tous ses effets.

PREMIÈRE PARTIE.

CONDITIONS DE LA DEMEURE.

CHAPITRE PREMIER.

DEMEURE DU DÉBITEUR.

La première condition que nous rencontrons, condition dont nous avons déjà signalé l'existence en donnant la définition de la demeure juridique, c'est la sommation, l'*interpellatio* (1). La L. 32, D. *de usuris*, résume en deux mots les conditions de validité de cette interpellation : *si interpellatus*, dit cette loi, *opportuno loco non solverit;* on pourrait ajouter avec la L. 39, D. *de solutionibus : et tempore*. Nous allons cependant examiner en détail chacune des prescriptions de la loi à cet égard, et nous aurons à nous demander : 1º qui peut faire la sommation ; 2º à qui elle doit être faite ; 3º quand elle doit l'être ; 4º en quel lieu ; 5º enfin dans quelle forme elle peut se faire.

Qui peut faire la sommation ? Celui-là seul a le droit de faire l'interpellation qui a qualité pour recevoir et exiger le payement, c'est-à-dire le créancier ou son mandataire, pourvu toutefois, pour ce dernier, qu'il justifie de sa qualité à l'encontre du débiteur. Ainsi le dépositaire n'est pas en demeure, quand celui qui réclame la chose ne justifie pas de sa qualité (2). Le *negotiorum gestor,*

---

(1) Cf. art. 1139 C. C.
(2) L. 13, D. *depositi*. Cf. 1937 C. C.

à la différence du mandataire, ne jouit pas du droit de
poursuivre les débiteurs de celui dont il gère les affaires ;
il ne peut, en effet, justifier d'aucun mandat régulier ;
il ne peut donc pas les constituer en demeure (1). Ce
que nous venons de dire demande toutefois une restriction. S'il est incontestable que le *negotiorum gestor* ne peut
pas poursuivre les débiteurs dont la dette est antérieure
ou étrangère à sa gestion, il est également certain qu'il
peut poursuivre le payement des dettes, qui sont nées de
sa gestion même, et qu'il peut constituer en demeure les
débiteurs de celles-ci. Ce n'est donc qu'à ces dernières
que s'applique la L. 24, § 2, D. *de usuris,* quand elle nous
parle d'une demeure résultant de l'interpellation faite
par un *negotiorum gestor.*

Enfin tout créancier ne peut pas constituer ses débiteurs en demeure. Pour avoir le droit de poursuivre le
payement, et par conséquent pour pouvoir faire une
sommation valable et constituer le débiteur en demeure,
il faut être capable de recevoir ce payement. Ainsi un
pupille ne peut constituer son débiteur en demeure
qu'autant qu'il l'interpelle *tutore auctore*, avec l'assistance de son tuteur, ou que ce dernier seul est l'auteur de
la sommation. Il en est de même des personnes pourvues
d'un curateur pour démence ou prodigalité. Elles devront
agir avec l'assistance de leurs curateurs, ou ceux-ci
devront seuls faire aux débiteurs la sommation nécessaire pour les constituer en demeure (2).

A qui doit être faite la sommation ? Pour être valable,
elle doit s'adresser au débiteur capable d'aliéner. Si donc
on s'est adressé au pupille ou à une personne pourvue
d'un curateur pour démence ou prodigalité, la somma-

(1) L. 39, D. *de negotiis gestis.*
(2) L. 1, § 3 et 4, D. *de admin. et peric. tut. vel cur. Secus,* art. 450 et
464 C. C.

tion est nulle et ne peut, en aucune façon, constituer le débiteur en demeure ; elle doit s'adresser soit au pupille, soit au *furiosus* ou *prodigus*, assisté de son tuteur ou curateur, soit à ces derniers seuls. S'ils n'ont pas de tuteur ou de curateur, le créancier devra, pour pouvoir les constituer en demeure, leur en faire nommer un.

C'est une question controversée que celle de savoir si l'interpellation faite au mandataire du débiteur est suffisante pour constituer ce dernier en demeure. Des auteurs considèrent une telle sommation comme valable, pourvu que le débiteur en ait eu connaissance. Je regarde cette solution comme contraire à l'esprit et à la lettre du droit romain. En effet, la L. 23, D. *de usuris*, nous dit : *Sed et si reipublicæ causa abesse subito coactus sit, ut defensionem sui mandare non possit, moram facere non videbitur.* Il peut sembler, au premier abord, qu'il s'agit dans ce texte d'un simple mandataire ; mais, quand on fait bien attention aux termes de la loi, on voit qu'il s'agit d'un *mandator ad litem;* ainsi la sommation, pour constituer en demeure le débiteur absent, devra être faite à un *procurator.* Cette explication de la loi 23, *de usuris*, est confirmée par le rapprochement de notre texte avec la L. 8, § 3, D. *de procuratoribus et defensoribus*, qui est l'œuvre du jurisconsulte, auteur de notre loi. On voit en effet, dans ce texte, que le *procurator* seul peut être forcé d'accepter une instance au nom de l'absent. Il faut donc dire que la sommation faite au mandataire ordinaire ne constitue pas le débiteur en demeure. Il faudra, quand le débiteur se représentera, lui faire une nouvelle sommation (1).

A quel moment doit être faite la sommation ? Pour constituer le débiteur en demeure, l'interpellation ne doit être faite que lorsque le terme est échu, si la stipulation

(1) Arg. L. 32, § 1, D. *de usuris*.

est à terme ; lorsque la condition est accomplie, si la stipulation est conditionnelle ; en un mot, seulement lorsque la dette est exigible , suivant les règles que nous avons exposées dans nos prolégomènes (1). Appliquant ce principe , la L. 49 , D. *de verborum obligationibus,* nous dit que le débiteur d'un esclave , interpellé avant l'échéance du terme, n'est pas responsable de la mort de l'esclave survenue depuis la sommation, mais avant l'exigibilité de l'obligation.

Des auteurs ont cependant prétendu qu'au cas d'une obligation à terme, il n'était pas besoin d'une interpellation, et ils ont ainsi formulé leur doctrine : *Dies interpellat pro homine.* Nous allons examiner le fondement de cette règle, et nous espérons démontrer, dans le cours de cette exposition, que cette décision n'était pas admise en droit romain. Les défenseurs de la règle : *Dies interpellat pro homine,* ont invoqué à l'appui de leur opinion une série d'arguments que nous allons successivement passer en revue.

1° Le silence du créancier ne peut pas faire présumer qu'il consent tacitement à une prorogation du terme ; car, si l'on admettait cette présomption, il faudrait dire qu'une sommation serait nécessaire pour faire produire au simple retard les effets que la convention des parties y a attachés. Une telle solution serait contraire aux textes formels du droit romain à cet égard, et en opposition avec la manière dont les adversaires de la règle : *Dies interpellat pro homine,* expliquent la L. 12, C. *de contrahenda et committenda stipulatione.*

2° Si la L. 12, C, *de contrahenda et committenda stipulatione,* décide que, par l'effet du simple retard, la clause pénale est encourue, ce n'est qu'une conséquence de la règle générale énoncée par la loi dans ses dernières

(1) Cf. art. 1139 C. C.

lignes, et qui a pour fondement la pensée que le débiteur a dû conserver fidèlement le souvenir de ce qu'il a promis, sans avoir besoin qu'un tiers, que le créancier vienne le lui rappeler.

3° La L. 32, D. *de usuris*, en exigeant une interpellation pour l'existence de la *mora*, ne peut rien prouver contre la vérité de notre règle, puisque des textes nombreux établissent au contraire l'existence d'une *mora ex re*. (*Voir* notamment L. 23, § 1, D. *de usuris*; L. 26, § 1, D. *de fideic. libert.*)

4° Mühlenbruch invoque un argument moral, et trouve inique de laisser, après l'échéance du terme, la chose aux risques du créancier. Le même auteur fait également observer que le terme peut fort bien avoir été inséré en faveur du créancier; rien, suivant lui, n'établit qu'il a été stipulé au profit exclusif du débiteur. Il suit de là que le promettant est en faute de ne pas acquitter sa dette à l'échéance du terme. Le créancier avait, en stipulant le terme, montré expressément sa volonté d'être payé à l'époque convenue; le simple retard doit donc constituer le débiteur en demeure.

5° Enfin un des auteurs qui défendent la règle : *Dies interpellat pro homine*, recherche, pour résoudre notre question, quelle est la nature de la *mora*, quel est le but de cette interpellation. Selon lui, la sommation serait la déclaration faite par le créancier au débiteur d'avoir à acquitter sa dette dans un délai déterminé; son but serait donc de transformer une obligation pure et simple en obligation à terme, en limitant l'époque du payement, qui était indéterminée. Elle est donc nécessaire dans une obligation pure et simple, mais par là même elle devient inutile dans une obligation à terme.

Les adversaires de la règle : *Dies interpellat pro homine*, ont invoqué en faveur de leur doctrine différents arguments :

1º Ils ont d'abord cru pouvoir tirer du silence du créancier un consentement tacite à ce que l'exécution de l'obligation soit différée. Il est bien probable que telle est la signification de ce silence. Mais est-ce certain ? est-il impossible d'expliquer d'une autre manière le silence du créancier ? Évidemment non ; et, s'il en est ainsi, si l'on peut avec une certaine apparence de raison interpréter ce silence du créancier d'une façon toute différente, que devient cette présomption qu'on invoque ? Une cause d'erreur.

Du reste, c'est ici une question à résoudre plutôt à l'aide des textes de la loi ; et, quelle que soit en législation l'importance d'un semblable raisonnement, nous devons, avant tout, examiner si le législateur l'a admis. Le terme est, en principe, stipulé dans l'intérêt du débiteur. Le créancier ne peut donc pas s'en faire une arme contre lui, et telle serait la conséquence de l'autre système.

2º Pour qu'il y ait demeure, il faut nécessairement que le retard puisse être imputé au débiteur, que ce dernier en puisse être déclaré responsable. A cet effet, il faut une sommation, pour que le débiteur soit averti et soit en faute à raison du non-payement à l'échéance. Donc la demeure ne saurait exister sans sommation.

3º Examinons maintenant la nature de la sommation. Si elle n'a pour but, ainsi que le prétend un des défenseurs de la règle *Dies interpellat pro homine*, que d'indiquer dans quel délai le créancier entend être payé, ce n'est plus une sommation véritable, mais seulement la concession d'un délai, l'abandon par le créancier de son droit d'exiger immédiatement l'acquittement de l'obligation. Tel n'est certainement pas le but de la sommation. Elle a un seul et unique objet, qui est d'avertir le débiteur que son créancier est prêt à recevoir son payement, et qu'il lui cause un préjudice en retenant plus long-

temps la chose qu'il lui a promise. Le but de la sommation est analogue à celui des offres , qui, ainsi que nous
le verrons, servent à avertir le créancier que son débiteur
est prêt à le payer.

4° Telle est, au surplus, la solution qui résulte des différents textes de la législation romaine. Les L. 23, D. *de obligationibus et actionibus*, L. 40, D. *de rebus creditis si certum petitur et de condictione*, L. 12, C. *de contrahenda et
committenda stipulatione*, L. 77, D. *de verborum obligationibus*, dont argumente l'opinion contraire, ne s'occupent
pas de la *mora*, mais seulement de la clause pénale, et décident que la peine est encourue dès que le terme est échu
sans payement de la part du débiteur. Cette solution ne
doit pas être étendue à la demeure et à ses effets, puisque
ces textes ne s'occupent que de la clause pénale, tandis
que nous avons déjà cité des textes qui disent que, pour
la demeure, il faut une sommation. (*Voyez* notamment
L. 32 pr., D. *de usuris et fructibus*.)

La L. 114, D. *de verborum obligationibus*, exige, pour
que les dommages-intérêts soient encourus, qu'il y ait
mora; mais elle ne s'occupe nullement des conditions nécessaires pour qu'il y ait demeure. On ne peut
donc pas nous l'opposer. Du reste, cette loi dit : *per promissorem steterit quominus res præstetur;* il résulte évidemment de ces expressions que, le créancier étant prêt
à recevoir, le débiteur a refusé de livrer et s'est ainsi
constitué en faute. La L. 49, D. *eod. tit.*, vient confirmer
l'interprétation que nous donnons à la L. 114. Au surplus,
les expressions : *per debitorem steterit*, signifient que le
débiteur a été interpellé, de même que les mots : *per cre-
ditorem steterit*, emportent nécessairement l'idée qu'il y a
eu des offres faites. La L. 23, D. *eod. tit.*, confirme encore
cette interprétation.

La L. 5, C. *de actionibus empti et venditi*, décide que
l'acheteur doit les intérêts de son prix à partir du moment

2

où, grâce à la livraison, il est entré en jouissance de la chose et en est ainsi devenu propriétaire. En décidant, dans cette hypothèse, que les fruits sont dus *licet nulla mora intercesserit,* le législateur indique formellement que c'est un cas d'exception à une règle générale qui ne peut être que la nécessité de la demeure pour faire courir les intérêts. Cette disposition est tellement exceptionnelle, que ses auteurs, les empereurs Dioclétien et Maximien, croient nécessaire de la justifier et viennent ainsi rendre un éclatant témoignage en faveur de l'existence de la règle générale.

Nous croyons donc devoir nous rattacher, ainsi que nous l'avons déjà dit, à cette seconde opinion, qui nous semble à la fois plus conforme et aux textes et aux principes.

Indépendamment des arguments que nous venons de présenter, nous en invoquerons d'autres qui se fondent sur les principes généraux du droit.

Pour qu'il y eût retard imputable au débiteur, faute, en un mot, de sa part, et cela par le seul effet de l'échéance du terme, il faudrait :

1º Que le débiteur fût obligé de livrer la chose entre les mains de son créancier ou de lui faire des offres ;

2º Qu'il eût connu l'existence de l'obligation en vertu de laquelle il est débiteur.

En effet, s'il n'est pas tenu de porter la chose et de la remettre entre les mains de son créancier, et si, tout au contraire, celui-ci est tenu, en règle générale, de venir la prendre dans la demeure de son débiteur, il est évident que ce n'est pas ce dernier qui est en faute pour n'avoir pas livré la chose, objet de l'obligation, au terme convenu, mais bien le créancier qui n'est pas venu la chercher. En conséquence, si la première des conditions que nous avons énumérées, et qui nous semblent indispensables pour admettre l'existence de la règle :

Dies interpellat pro homine, vient à défaillir, nous pourrons dire que le débiteur n'est pas constitué en demeure par cette simple échéance du terme. De même, s'il ignore qu'il soit débiteur, il est évident qu'il ne peut pas être constitué en demeure, c'est-à-dire en faute, puisque la demeure implique faute, sans être averti. Donc, si l'une des deux conditions, que nous avons énoncées plus haut, vient à faire défaut, le débiteur ne sera pas en faute, ne sera pas en demeure.

Aussi allons-nous examiner si ces deux conditions existent et si le droit romain impose au débiteur l'accomplissement de ces deux obligations, et par ce moyen nous aurons résolu la question de savoir si la règle : *Dies interpellat pro homine,* était admise dans ce droit.

Et d'abord le débiteur est-il tenu de livrer la chose aux mains du créancier, ou tout au moins de lui faire des offres ? Dans certains contrats déterminés limitativement par les textes, le législateur romain impose cette obligation au débiteur. Il en est ainsi dans le louage et dans l'emphytéose (1), non pas en ce sens que le défaut de payement à l'échéance entraîne la demeure (car la L. 17, § 4, D. *de usuris et fructibus,* repousse formellement cette solution), mais en ce sens que si le locataire ne paye pas le prix stipulé dans le bail pendant deux ans, l'emphytéote le montant de la redevance pendant trois années consécutives, le bailleur aura le droit de les expulser (2).

De même, s'il y a, dans la convention des parties, un lieu spécial déterminé pour le payement, il y aura demeure de la part du débiteur par le seul fait de n'avoir pas transporté l'objet de l'obligation au lieu convenu entre lui et son créancier. Car la désignation d'un lieu

---

(1) L. 54, § 1; L. 56, D. *locati conducti;* L. 2, C. *de jure emphyteutico.*
(2) L'art. 1741 C. C. consacre le même principe en matière de louage.

déterminé pour le payement emporte pour le débiteur l'obligation d'y transporter l'objet de sa dette, de manière à ce que le créancier puisse venir le recevoir dans cet endroit (1).

Ces dispositions, ces décisions ne peuvent être regardées comme générales ; elles sont, au contraire, tout à fait exceptionnelles, et des textes nombreux viennent prouver que c'est au créancier à venir prendre la chose objet de l'obligation au domicile de son débiteur, et non pas à celui-ci de la lui offrir. Ainsi la L. 9, D. *de actionibus empti et venditi*, oblige l'acheteur à venir lui-même enlever la chose, objet du contrat, et, en cas de refus de sa part, concède dans ce but au vendeur l'action *ex vendito*. La L. 1, § 3, D. *de periculo et commodo rei venditæ* va même plus loin, et permet au vendeur de répandre le vin qu'il a vendu, si, après sommation, l'acheteur ne se présente pas pour l'enlever. Cette loi nous prouve d'une manière irrésistible que le législateur romain mettait sur la même ligne l'obligation à terme et l'obligation pure et simple. Il résulte donc de ce qui précède qu'en cas de ventes mobilières, c'est-à-dire les seules dans lesquelles le débiteur pourrait être tenu de transporter l'objet chez le créancier, celui-ci est obligé de venir prendre livraison, et que le débiteur n'est pas tenu de lui livrer la chose entre ses mains propres.

Pour les immeubles, la même règle, quoiqu'elle ne soit formulée dans aucun texte positif, résulte évidemment de la nature des choses, et le créancier se trouve dans l'obligation de se présenter pour recevoir livraison.

En conséquence, le débiteur n'est jamais tenu, ni dans les obligations pures et simples, ni dans les obli-

(1) C'est une conséquence du principe posé par les L. 9, D. *de eo quod certo loco* ; L. 9, C. *de solutionibus et liberationibus.*

gations à terme, de livrer la chose aux mains du créancier.

Voyons maintenant s'il n'est pas tout au moins obligé
à lui faire des offres. La négative semble résulter de la
solution que nous venons de donner, avec les textes, à la
question de savoir s'il est tenu de livrer la chose aux mains
du créancier. En effet, si le débiteur n'est pas tenu de
remettre la chose entre les mains de son créancier, il ne
doit pas rationnellement être tenu de lui faire des offres.
On pourrait peut-être argumenter de la L. 1, § 3, D. *de
periculo et commodo rei venditæ*, contre cette solution, et
chercher, au moyen de ce texte, à établir qu'il est tout
au moins obligé à faire des offres. En effet, cette loi
exige de la part du vendeur de pièces de vin une sommation faite à l'acheteur *ut tollat*. On pourrait donc peut-
être voir dans cet acte des offres faites par le débiteur.
Mais nous croyons que cette sommation n'est exigée par
le jurisconsulte romain que dans le but de permettre au
vendeur de répandre le vin, si l'acheteur ne vient pas
le chercher; ce n'est pas là une offre proprement dite.
Nous devons donc tirer de cette loi la conséquence que
le débiteur à terme n'est pas tenu de faire des offres,
excepté dans le cas où il voudrait échapper aux conséquences rigoureuses que doit entraîner, d'après la convention des parties, le non-payement à l'échéance, par
exemple s'il y a une clause pénale ou un pacte commissoire. La peine, en effet, est alors encourue, le droit de
résolution ouvert en faveur du créancier par le seul défaut de payement au terme convenu. Telle est, suivant
nous, la règle générale, et les L. 4, § 4, D. *de lege commissoria*, et L. 12, D. *de contrahenda et committenda stipulatione*, s'appliquent à ces hypothèses spéciales, à ces conventions particulières, et non pas aux obligations à terme,
en général. Ces lois ne prévoient que les deux hypothèses
spéciales dont nous avons parlé : clause pénale, *lex com-*

missoria. On ne peut donc pas en étendre la décision à toutes les obligations à terme.

Cette règle générale, que nous venons d'établir à l'aide des principes du droit romain et au moyen des textes eux-mêmes, se trouve confirmée par la L. 53 pr., D. *de fideicommissariis libertatibus*. Cette loi, introduit une exception à notre règle, et elle se fonde sur un motif d'ordre public. Elle nous dit en effet que, si un héritier a été chargé d'affranchir une esclave, et si, avant l'affranchissement, cette esclave donne le jour à un enfant, cet enfant naîtra libre, parce que la liberté est une chose qui intéresse l'ordre public, de telle sorte que celui qui la doit est tenu de l'offrir. Puisque le législateur s'est cru dans la nécessité de formuler cette décision, en se fondant, pour la justifier, sur l'intérêt public, c'est évidemment que, dans l'ordre civil et privé, il en était autrement : c'est donc parce que, en principe, le débiteur n'est pas tenu de faire des offres.

Nous avons donc démontré que dans l'obligation à terme, de même que dans l'obligation pure et simple, le débiteur n'était tenu ni de livrer la chose aux mains du créancier, ni de lui faire des offres. Il sera donc nécessaire, pour les unes comme pour les autres, d'avoir recours à une sommation pour constituer le débiteur en demeure.

Enfin il serait inconcevable que les Romains eussent admis la prolongation tacite du contrat en matière de louage, en matière de précaire, si le débiteur eût été dans l'obligation de faire des offres (1). Les lois romaines voient dans le retard apporté à la remise de la chose dans ces deux contrats, non une faute répréhensible, imputable au débiteur, et dont celui-ci doive réparation, mais un consentement tacite de la part du créancier à ce

(1) L. 14, D. *locati conducti*; L. 4, § 4, D. *de precario*.

que le locataire, le détenteur à précaire conservent la chose aux mêmes conditions que précédemment. Cette idée est tout à fait exclusive de l'obligation pour le débiteur de faire des offres, obligation qu'on veut ériger en règle générale.

Puisque l'une des conditions qui rationnellement sont nécessaires pour qu'on puisse admettre, en droit romain, la règle *Dies interpellat pro homine*, n'est pas imposée au débiteur, et puisqu'en conséquence on ne saurait adopter, sous l'empire de cette législation, la règle en question, il semble superflu d'examiner si le débiteur est obligé à remplir la seconde de ces conditions. Nous allons cependant traiter brièvement cette question, pour démontrer, même aux esprits les plus prévenus, que la règle *Dies interpellat pro homine* est repoussée par le droit romain. En supposant la nécessité pour le débiteur de livrer la chose aux mains du créancier, ou tout au moins de lui faire des offres, il faudrait, pour que la simple échéance du terme le constituât en demeure, qu'il connût sa qualité de débiteur; or il peut se présenter des cas fort nombreux où le débiteur, dans l'ignorance non d'un fait à lui personnel, mais du fait d'un tiers, ne sache pas qu'il est dans l'obligation d'acquitter une dette. Supposons, par exemple, que l'exécution de l'obligation incombe à l'héritier du débiteur primitif, et qu'il n'ait aucune connaissance de la convention, pourra-t-on dire, sans injustice, dans cette hypothèse, que la demeure emporte l'idée de faute, et que la seule échéance du terme constitue la demeure ? La contradiction qui existe entre les deux parties de cette proposition démontre jusqu'à l'évidence l'erreur du système qui prétend établir l'existence de la règle *Dies interpellat pro homine.*

Ainsi donc il faudra une sommation, et elle ne pourra avoir lieu que quand la dette sera exigible, c'est-à-dire, suivant les règles que nous avons exposées dans nos prolégomènes, dans le cas d'une obligation à terme, quand le dernier instant du terme sera écoulé, et, s'il s'agit d'une stipulation conditionnelle, dès que la condition sera accomplie (1).

Dans quel lieu doit avoir lieu la sommation? Elle doit se faire, suivant la L. 32, D. *de usuris et fructibus*, *opportuno loco*, c'est-à-dire, suivant les règles que nous avons exposées dans nos prolégomènes, au lieu dans lequel l'obligation est exigible. Si donc un lieu a été désigné pour le payement, la sommation devra avoir lieu dans cet endroit, et si, plus tard, le créancier use de la faculté que nous lui avons reconnue de poursuivre le débiteur au lieu du domicile de ce dernier, il pourra, outre la valeur de la chose à l'endroit désigné pour le payement, réclamer des dommages-intérêts. Si l'on objectait que, le débiteur ne se présentant pas sur les lieux, il est impossible à son créancier de lui adresser une sommation, nous répondrions que, d'après la L. 2, D. *de nautico fœnore*, il suffit pour le créancier d'avoir fait constater l'impossibilité où il se trouve de rencontrer son débiteur, et que cette constatation équivaudra à une sommation. C'est ce que la L. 23, § 1, D. *de usuris et fructibus*, appelle *mora ex re* ou *in re*. Cependant la législation romaine admettait un tempérament parfaitement conforme à l'équité. Si, en effet, le débiteur est absent pour un juste motif, par exemple pour le service de la république, s'il est prisonnier chez l'ennemi, il n'y aura pas de demeure.

Le créancier perd néanmoins ce droit de poursuivre l'estimation de la chose au domicile du débiteur, après

---

(1) Il en est de même sous l'empire de notre Code civil, et les rédacteurs de nos lois n'ont pas admis la règle *Dies interpellat pro homine*, ainsi que cela résulte de l'art. 1139, qui exige une sommation pour constituer le débiteur en demeure.

l'échéance du terme, quand celui-ci prouve qu'il a,
en temps opportun, transporté la chose au lieu convenu
entre les parties, et qu'il y a fait des offres. Le
créancier devra alors être débouté de sa demande par
le juge, pourvu toutefois que le débiteur promette de
payer au lieu convenu :. *Cautione ab eo exacta,* dit la L. 4,
§ 1, D. *de eo quod certo loco, de pecunia ibi solvenda
ubi promissa est.*

Nous arrivons maintenant à la question de la forme que
peut revêtir la sommation. Elle peut être judiciaire ou extrajudiciaire, puisque, ainsi que nous l'avons vu, elle consiste dans tout acte de nature à faire connaître au débiteur
l'intention où est le créancier d'exiger son payement (1).
Il peut y avoir demeure, ainsi que nous le dit la L. 38, § 7,
D. *de usuris et fructibus,* sans qu'il y ait une action intentée : ce qui prouve la possibilité d'une sommation
extrajudiciaire. Un auteur, cependant, a prétendu que,
dans les *stricti juris judicia,* la demeure ne pouvait résulter que de la *litis contestatio ;* mais la L. 38, que nous
venons de citer, parle d'une action *ex stipulatu,* qui
constitue très-certainement un *stricti juris judicium,* et
elle suppose l'existence d'une demeure antérieure à la
litis contestatio, au *judicium acceptum.* La L. 4, D. *de condictione triticiaria,* qu'on prétend être en contradiction
avec la solution que nous venons de présenter, se concilie
tout au contraire parfaitement bien avec notre système.
En effet, cette loi prouve seulement une chose : c'est que
l'objet du litige s'estime, dans l'hypothèse qu'elle prévoit, suivant sa valeur au moment de la *litis contestatio;*
mais elle ne prouve nullement, ainsi qu'on le prétend,
que la *litis contestatio* seule entraîne la demeure. Dans
presque toutes les hypothèses, il y aura demeure à

---

(1) Cf. art. 1139 C. C. : Sommation ou autre acte équivalent, dit cet
article.

partir du jugement, sauf le délai accordé pour l'exécution. (L. 3 pr., D. *de usuris et fructibus.*)

Après avoir exposé les qualités et les conditions que doit réunir la sommation pour constituer le débiteur en demeure, après avoir posé en principe qu'une sommation est toujours nécessaire pour qu'il y ait demeure, nous avons à nous demander s'il n'y a pas quelques exceptions, et si, dans certains cas, assez rares et minutieusement déterminés par le législateur, on n'est pas dispensé d'employer la sommation. Si, après la sommation, le retard apporté par le débiteur entraîne des effets très-graves, qui ne sauraient résulter d'une convention (1), c'est qu'il constitue une *injuria*, un tort fait sans droit au créancier, qui est ainsi privé, pendant un certain temps, de ce qui lui est dû. Certains faits, que nous allons examiner, constituent par eux-mêmes, aux yeux du législateur, une *injuria*, si bien que l'existence seule de ces faits vaudra sommation et entraînera, comme conséquence nécessaire, l'existence de la demeure (2).

Nous en avons déjà vu un exemple, quand nous nous sommes occupé de l'endroit où doit se faire la sommation. Si le débiteur est absent sans motif, et que le créancier prouve l'intention où il a été de lui faire sommation, le débiteur se trouve constitué en demeure, et encourt toutes les graves conséquences attachées par la loi à cet état.

Il en est de même pour celui qui s'est rendu coupable d'un détournement clandestin ou d'une occupation violente. La L. 20, D. *de condictione furtiva*, nous dit que le voleur est toujours en demeure ; car, de même que le

---

(1) *Secus* art. 1139 C. C. Les parties peuvent attacher les effets de la demeure au simple défaut de payement à l'échéance; mais il faut une convention expresse à cet égard.

(2) Il en est de même, en droit français, en matière de prêt à usage (art. 1881 C. C.), de chose indûment reçue (art. 1378 et 1879 C. C. combinés), de vente de denrées et effets mobiliers (art. 1657 C. C.), de rente (art. 1912 C. C.), de mandat (art. 1996 C. C., *in principio*).

débiteur détient la chose *invito creditore*, de même le voleur a pris et détient la chose volée *invito domino*. Du reste, à cette hypothèse s'applique parfaitement le raisonnement que nous avons fait plus haut et la solution que nous avons déjà donnée. Il est, en effet, incontestable que, par son fait, le voleur rend impossible la sommation, puisque le propriétaire, vu la clandestinité de l'enlèvement, ignore complétement où est sa chose. Les mêmes motifs s'appliquent, *à fortiori*, au spoliateur : *Quis enim magis*, dit le *principium* du titre *De bonis vi raptis*, aux Instituts, *alienam rem invito domino contractat quam qui vi rapit?* La demeure du voleur, ainsi que celle du spoliateur, est perpétuelle, et elle subsiste tant que le vol n'a pas été purgé, tant que la possession n'a pas cessé d'être violente (1).

Lorsque la sommation existe avec toutes les conditions que nous avons énumérées plus haut, lorsqu'elle semble devoir, en conséquence, produire tous ses effets et constituer le débiteur en demeure, il peut cependant se présenter certaines circonstances qui rendent excusable l'omission de payer.

1° Si le retardement n'est pas imputable au débiteur, il ne saurait y avoir demeure. Telle est tout au moins la règle générale. Ainsi, si le débiteur ne peut pas trouver le créancier pour le payer, si, par une circonstance indépendante de sa volonté, il est dans l'impossibilité absolue d'exécuter l'obligation, il n'y aura pas demeure, parce que le fait qui occasionne le retard ne lui est pas imputable (2). Mais un empêchement simplement relatif, comme l'impossibilité de se procurer de l'argent, serait imputable au débiteur, et ne serait pas un obstacle à l'existence de la demeure. La L. 137, § 4, D. *de verborum obligationi-*

(1) Cf. art. 1302, § 4, C. C.
(2) L. 23, D. *de receptis qui arbitrium receperunt* ; L. 2, D. *si quis cautionibus in judicio sistendi causâ.*

bus, en donnant cette solution, la justifie parfaitement. C'est là en effet, suivant cette loi, non un *impedimentum naturale*, auquel ce texte donne encore le nom de *impedimentum stipulatoris*, mais seulement un empêchement *ad promissoris incommodum pertinens*. Cette loi établit donc qu'il y a demeure, parce qu'il y a faute imputable au débiteur. Mais il y a des cas où le simple retard, même non imputable, n'en entraîne pas moins les conséquences rigoureuses de la demeure : telles sont les dettes dont les créanciers sont entourés de toutes les faveurs de la loi. Ainsi pour les legs et les fidéicommis faits aux corporations pieuses, une adition tardive de l'hérédité entraîne toutes les conséquences rigoureuses de la *mora*. Justinien va encore plus loin, et dans la L. 46, § 4, C. *de episcopis et clericis*, il décide qu'il y aura *mora ipso jure* à partir du décès du testateur. Remarquons, toutefois, en passant, que l'unique effet de cette *mora* d'une nature particulière est d'obliger l'héritier à restituer, avec la chose, les fruits et les intérêts à partir du décès du testateur. Il en est de même pour les mineurs, non pas seulement dans les contrats de bonne foi, mais encore pour les legs ou les fidéicommis dont ils ont été gratifiés (1). La même solution s'applique quand la liberté a été l'objet du legs (2); il en est ainsi pour le compte de tutelle, et la L. 5, C. *de actionibus empti*, consacre la même solution pour prix d'une vente. Remarquons, toutefois, que, dans l'hypothèse de cette loi, il y avait eu livraison et payement partiel, et que la question ne se posait que pour le reliquat du prix.

2° Il n'y aura pas de demeure, si le débiteur cherche seulement à prendre ses précautions contre son créancier, s'il désire entourer le payement de certaines ga-

(1) L. 3, C. *in quibus causis in integrum restitutio.*
(2) L. 26, § 1, D. *de fideicommissariis libertatibus.*

ranties de publicité, qui le mettent à l'abri de toute recherche ultérieure de la part de son créancier. Ainsi le débiteur peut exiger que le payement s'effectue devant témoins, que le créancier lui donne caution ; alors il ne s'exposera pas à être constitué en demeure, pourvu qu'il emploie ces précautions sans mauvaise foi et sans vouloir porter préjudice à son créancier : *Hic moram facere videtur, qui litigare maluit quam restituere.* Ainsi, dans le cas de dépôt, si le déposant laisse plusieurs héritiers, l'un d'entre eux ne pourra réclamer qu'une part proportionnelle à son droit héréditaire ; mais le dépositaire pourra exiger que la livraison de cette partie de l'objet déposé, s'il est divisible, n'ait lieu que devant le prêteur ou devant des témoins. Si, au contraire, la chose déposée est indivisible, le dépositaire pourra exiger de l'héritier qui la réclame, des cautions solvables, et, après que l'héritier aura satisfait à sa demande, il pourra sans crainte lui remettre l'objet déposé (1).

3° La sommation ne pourrait pas avoir pour effet de constituer le débiteur en demeure, si celui-ci pouvait opposer une exception dont l'effet serait de faire rejeter la demande du créancier, par exemple l'exception *pacti conventi*, comme le dit la loi 54, D. *de pactis.* Il en est de même quand la demande du créancier n'est pas liquide, déterminée : car, comme le dit fort bien la loi 63, D. *de regulis juris, qui sine dolo malo ad judicium provocat, non videtur moram facere.* Ainsi il y aura demeure même avant la litiscontestation, quand le débiteur n'aura pas de justes motifs pour refuser le payement. Que si, au contraire, il a un juste motif, il ne sera pas constitué en demeure même par la litiscontestation, et si, dans ce cas, il doit les fruits à partir de ce moment, c'est en vertu du quasi-contrat judiciaire qui est intervenu

_____

(1) L. 1, § 36; L. 14, D. *depositi vel contra.* La nécessité de la caution n'existe plus aujourd'hui (art. 1939 C. C.).

entre lui et son créancier, et par lequel il s'est engagé à tenir compte au demandeur et à l'indemniser de tout l'intérêt que ce dernier pouvait avoir à l'acquittement immédiat de la dette.

Ceci démontre d'une façon péremptoire la vérité de l'observation que nous présentions quand, après avoir donné la définition de la demeure, nous disions que c'était là une question de fait dont le juge était l'appréciateur souverain. Le juge seul, en effet, pourra résoudre en connaissance de cause la question de savoir si le défendeur avait ou non de justes motifs d'engager l'instance.

CHAPITRE II.

DEMEURE DU CRÉANCIER.

Dans nos observations préliminaires, nous indiquions la base et le fondement de la demeure du créancier. De même que celui-ci peut avoir intérêt à être payé au jour convenu, et, en cas de retard, à soumettre son débiteur à toutes les conséquences de sa coupable négligence, de même ce dernier peut avoir intérêt à contraindre son créancier à le libérer à l'échéance, moyennant payement. La loi devait donc venir également au secours du débiteur et lui offrir les moyens de faire retomber sur son créancier négligent ou coupable les conséquences que peut entraîner son refus de recevoir le payement, alors que celui-là était en mesure d'acquitter son obligation. Nous allons, comme nous l'avons déjà fait pour la demeure du débiteur, passer en revue les conditions nécessaires pour que le créancier soit constitué en demeure.

En règle générale il faut, pour constituer le créancier en demeure, la réunion des deux conditions suivantes, que nous allons successivement examiner :

1º Des offres valables de la part du débiteur ;

2º Non-acceptation de ces offres de la part du créancier.

Les offres représentent complétement ici la formalité de la sommation dans la demeure du débiteur. Par l'interpellation, le créancier manifeste l'intention dans laquelle il est d'être payé de suite ; par les offres, le débiteur avertit son créancier qu'il veut le payer, et qu'il entend, en conséquence, être libéré de son obligation.

Dans le but de déterminer les conditions exigées par le législateur pour la validité des offres, nous allons examiner, de même que nous l'avons fait pour la sommation : 1º qui peut faire des offres ; 2º à qui elles doivent être faites ; 3º quand elles doivent l'être ; 4º en quel lieu ; 5º enfin comment elles peuvent se faire.

Qui peut faire des offres ? Pour faire des offres valables, il faut être capable d'aliéner (1). Celui qui ne peut aliéner que sur un décret du magistrat, le pupille sans l'autorisation de son tuteur, ne peuvent pas faire d'offres valables (2). Mais, du moment que l'auteur des offres jouit de cette capacité, peu importe qu'il soit ou non le débiteur. En effet, un tiers peut, en règle générale, payer pour le compte et en l'acquit du débiteur véritable, de manière à le libérer. Ce droit cesse cependant quand il s'agit d'une de ces prestations qui ont un caractère personnel, de ces stipulations qui ont lieu *intuitu personæ*, par exemple les obligations de faire, dans lesquelles on a pris en considération le talent du débiteur, l'*operarum præstatio*,

---

(1) Cf. art. 1238, § 1, et 1258, 2º, C. C.

(2) *Secus* pour le mineur qui paye une somme d'argent. (Art. 1238, § 2, C. C.) Si le mineur paye une chose non fongible, il ne pourra pas la répéter, mais il conservera son action en nullité ou en rescision, et on ne pourra pas lui opposer le payement comme une ratification de l'obligation.

le payement du canon en matière d'emphytéose (1). A l'exception de ces cas, le créancier ne peut pas refuser le payement fait par un tiers ; les offres que peut faire ce dernier constitueront donc le créancier en demeure. On sait, et c'est une simple remarque que nous faisons en passant, qu'aux termes du sénatus-consulte Velléien, les femmes ne pouvaient pas s'obliger pour autrui. Comme ce sénatus-consulte est une dérogation à la règle générale de la capacité, on doit le restreindre dans ses termes. Les femmes, sous l'empire de la législation romaine, peuvent donc payer pour autrui, déléguer leurs propres débiteurs pour la dette d'autrui ; dans ces cas, en effet, elles ne s'obligent pas. Puisqu'elles peuvent valablement payer pour autrui, il en résulte, par une conséquence nécessaire, qu'elles ont le droit de faire des offres, et de constituer en demeure par ce moyen le créancier du tiers dont elles veulent acquitter la dette.

A qui doivent être faites les offres ? Elles ne peuvent être valablement faites qu'à celui qui a qualité et capacité pour recevoir le payement (2). Elles doivent donc être faites au créancier lui-même, et, s'il est pupille, mineur, *furiosus* ou interdit, au créancier assisté de son tuteur ou curateur, suivant les cas, ou aux tuteurs et curateurs seuls.

Peut-on les faire également à un mandataire ? Il est incontestable que le payement peut indifféremment s'effectuer soit entre les mains du créancier, soit entre celles de son mandataire spécial ou général (3). Si donc le mandat à l'effet de toucher le montant de la dette emporte pouvoir de recevoir des offres et de les accepter ou de les refuser, il sera hors de doute que les offres

(1) Cf. art. 1236, 1237, 1258, 2°, C. C.
(2) Cf. art. 1258, 1°, C. C.
(3) L. 12 pr., D. *de solutionibus et liberationibus.*

faites au mandataire soit général, soit spécial, seront valables. Voilà ce à quoi se réduit notre question. Si nous l'envisageons d'abord dans l'hypothèse d'un mandataire général, nous devons reconnaître, dans les termes mêmes de son mandat, la concession d'un pouvoir fort étendu. Sans aucun ordre spécial, il peut recevoir un payement et passer toutes sortes de contrats qu'il jugera utiles à l'administration des biens dont la gestion lui est confiée. En refusant d'accepter des offres, il n'agira pas *præter mandatum;* son mandat, en effet, renferme le pouvoir de nuire à celui qui le lui a conféré. Le créancier ne pourra donc pas se plaindre de la conduite de son mandataire ; il devra supporter les conséquences de la non-acceptation des offres ; il ne peut, du reste, s'en prendre qu'à lui-même d'avoir conféré un tel mandat à un homme qui ne méritait pas une semblable confiance de sa part. Ainsi les offres seront valables, quand elles auront été faites au créancier ou à son mandataire général.

En sera-t-il de même si elles sont faites au mandataire particulier chargé de recevoir un payement ? Il nous semble que Donellus a présenté la véritable solution sous l'empire du droit romain, quand il a décidé que de telles offres seraient nulles (1). En effet, le mandat spécial pour recevoir payement n'emporte pas nécessairement pouvoir de le refuser. La non-acceptation des offres est un acte contraire au mandat qui est donné à fin de réception du payement. Le mandataire spécial, en refusant les offres, excède donc les limites de son mandat : on ne peut donc pas, par des offres faites à un mandataire spécial à l'effet de recevoir payement, constituer le créancier en demeure.

Quant au temps des offres, il est incontestable qu'elles peuvent être faites en tout temps, quand l'obligation est

---

(1) *Secus* art. 1239 et 1258, 1°, C. C.

pure et simple. Examinons maintenant l'époque à laquelle elles peuvent avoir lieu dans l'obligation à terme. Le terme est, en règle générale, censé stipulé dans l'intérêt du débiteur, qui peut, à bon droit, refuser de payer jusqu'à l'échéance du terme, ou offrir le payement avant cette époque. Le débiteur peut, en effet, renoncer au bénéfice du terme, *Unusquisque potest juri in favore suo introducto renuntiare*. S'il fait des offres avant l'échéance du terme, il faut, pour qu'elles soient valables, qu'en agissant ainsi il ne porte aucun préjudice au créancier. Elles doivent, en conséquence, comprendre tout ce qui serait dû au créancier, si l'échéance du terme était arrivée. Les L. 38, § 16 ; L. 137, §2, D. *de verborum obligationibus*, établissent la validité du payement fait avant l'échéance ; les offres faites avant cette époque seront donc également valables, pourvu que le terme soit stipulé dans l'intérêt du débiteur. On argumente contre cette solution de la L. 122 pr., D. *de verborum obligationibus* ; mais cette loi vient précisément confirmer la règle que nous posons. Voici l'espèce qu'elle prévoit : une personne contracte un emprunt à Rome et promet d'en restituer le montant à Ephèse dans trois mois. Quelques jours après la conclusion de ce contrat, elle offre de payer à Rome la somme qu'elle doit, déduction faite des intérêts qu'elle a payés d'avance. Le jurisconsulte décide que le créancier peut refuser ce payement, et agir à Ephèse à l'expiration des trois mois. Cette solution, disons-nous, est de tout point conforme à la règle que nous avons posée. En effet, les offres ne sont pas valables dans ce cas, parce qu'elles sont insuffisantes et qu'elles ne comprennent pas tout ce qui serait dû au créancier, au moment où le terme viendrait à échoir (1).

Mais si le terme est, par suite d'une convention ex-

(1) Cf. art. 1258, 3°, C. C.

presse ou tacite, stipulé dans l'intérêt exclusif du créancier ou dans l'intérêt commun du créancier et du débiteur, celui-ci ne peut pas faire des offres valables avant l'échéance du terme (1). Le terme est censé stipulé dans l'intérêt des deux parties dans la *locatio operarum*, quelquefois aussi dans la *locatio rerum*. Il est censé stipulé dans l'intérêt exclusif du créancier, quand, par exemple, c'est un legs dont le testateur n'a ordonné la restitution qu'à la majorité du légataire, de peur qu'il n'en dissipe le montant (2). En toutes matières commerciales, le terme est censé stipulé dans l'intérêt de l'une et de l'autre partie; car les commerçants ne font souvent certaines opérations que dans la prévision d'un payement, qui doit avoir lieu à une époque indiquée. En matière commerciale donc, contrairement à ce qui se passe en matière civile, le débiteur qui voudra payer avant le terme devra prouver que le terme a été stipulé en sa faveur.

En quel lieu peuvent être faites les offres? Partout, pourvu que le débiteur soit prêt à effectuer le payement dans le lieu déterminé par la loi. S'il a été convenu que le payement se ferait au domicile du créancier, les offres doivent être réelles, c'est-à-dire faites en présence de l'objet. Si le lieu d'exécution de la convention a été déterminé dans l'acte même de l'obligation, les offres doivent avoir lieu dans cet endroit, bien que le créancier jouisse du droit de poursuivre son payement au domicile même de son débiteur par l'action *de eo quod certo loco* (3).

S'il n'y a qu'un débiteur, il ne peut pas faire d'offres partielles, alors même que l'obligation serait divisible,

---

(1) Cf. art. 1258, 2°, C. C.

(2) L. 15, D. *de annuis legatis et fideicommissis*; L. 43, § 2, D. *de legatis*, 2°.

(3) Cf. art. 1258, 6°, C. C.

parce que le créancier ne peut pas être contraint à recevoir un payement partiel (1). Néanmoins l'offre d'une
partie de la dette serait valable, si le débiteur n'avait
contracté cette obligation que parce qu'il aurait succédé
à plusieurs copromettants d'une même dette divisible.
Il en serait de même si l'obligation, étant de sa nature
divisible, se trouvait faire partie d'une succession échue
à plusieurs héritiers, ainsi que le prouvent, pour les legs,
la L. 33, D. *de legatis*, 2°, et la L. 2, C. *de hereditariis actionibus* (2). En un mot, quand il y a plusieurs codébi-
teurs et qu'on veut savoir si l'offre partielle est valable,
il faut rechercher si l'obligation est divisible, et si, en
conséquence, le créancier est obligé de recevoir un payement partiel.

Si l'on a rempli toutes les conditions que nous venons d'énumérer et de passer successivement en revue,
l'offre est valable et constitue le créancier en demeure.
Il n'est nullement nécessaire qu'elle soit accompagnée
de la consignation, c'est-à-dire du dépôt de l'objet dans
un lieu public ou désigné par le juge. Cette formalité a
pour but et pour effet de libérer complétement le débiteur, aussi bien que s'il avait payé entre les mains du
créancier (3). L'effet de l'offre, au contraire, est seulement
de constituer le créancier en demeure, d'arrêter le cours
des intérêts moratoires, tandis que la consignation arrête
le cours des intérêts conventionnels, et met à la charge
du créancier tous les risques et périls de la chose. Le
débiteur, à partir des offres pures et simples, ne répond
plus que de son dol et de sa faute lourde.

Nous en avons fini avec l'examen de la première des
conditions exigées par le législateur pour la demeure du

(1) Cf. art. 1258, 3°, qui est une conséquence de l'art. 1244, § 1, C. C.
(2) Cf. art. 1220, 1221 et 1258 C. C. combinés.
(3) Cette décision est admise par le droit français. (Art. 1257 C. C. et
813 Pr. C.)

créancier ; nous arrivons ainsi à étudier la seconde de ces conditions dans tous ses éléments constitutifs.

La non-acceptation d'offres valables constitue le créancier en demeure, tandis que, si les offres étaient incomplètes, le refus du créancier de les accepter ne produirait aucun effet. Cependant, si des circonstances de force majeure viennent empêcher le créancier d'accepter les offres qui lui ont été valablement faites par son débiteur, nous croyons qu'on doit lui appliquer, par analogie, la solution parfaitement équitable, que contient à l'égard du débiteur la L. 23, D. *de usuris et fructibus*. Nous déciderons, en conséquence. que le créancier, dans ces conditions, ne serait pas constitué en demeure par sa non-acceptation. La justice du motif qu'il allègue, l'impossibilité matérielle dans laquelle il s'est trouvé d'accepter les offres, par suite d'un cas de force majeure, nous font penser que telle devait être la solution du droit romain sur cette question.

Le créancier, de même que le débiteur, est constitué en demeure sans offres, quand, par son fait, il les rend impossibles, alors que le débiteur est prêt à exécuter son obligation. Nous ferons donc encore ici l'application du § 1 de la L. 23, D. *de usuris et de fructibus*, et nous déciderons que si le créancier s'est absenté sans laisser quelqu'un pour le représenter, si le débiteur a été dans l'impossibilité de le trouver à l'endroit désigné pour le payement, il y aura demeure du créancier. Cependant, dans ces deux hypothèses, il faut en même temps que le débiteur soit prêt à exécuter l'obligation , et que le fait qui rend cette exécution impossible soit imputable au créancier.

Mais, si la dette n'est pas liquide, quelle conduite devra tenir le débiteur pour constituer son créancier en demeure ? Il devra tout d'abord sommer son créancier d'avoir à lui déclarer le montant de sa créance. Si, après cette sommation, le créancier, au lieu d'indiquer quelles sont ses prétentions, au lieu de venir les débattre devant le juge, demeure silencieux, le débiteur peut le constituer en demeure, en lui offrant de le payer. Les offres, dans ce cas, seront indéterminées, parce que le débiteur ignore le montant de sa dette.

Enfin nous pensons que les offres sont inutiles quand le créancier a hautement manifesté l'intention de les refuser.

DEUXIÈME PARTIE.

DES EFFETS DE LA DEMEURE.

Après avoir examiné quelles sont les causes qui donnent naissance à la demeure, quelles sont les conditions de son existence, nous passons naturellement à l'examen de ses effets. Mais, avant de les aborder, et dans le but de faire ressortir la différence essentielle qui existe entre la demeure et le simple retard, dans le but également de mieux faire comprendre la raison qui nous les a fait distinguer, nous allons d'abord étudier les effets du simple retard.

1° Dans les obligations pénales, le débiteur encourt la peine par le simple effet de son retard, comme nous l'avons déjà vu en expliquant la L. 12, C. *de contrahenda et committenda stipulatione*, et en démontrant que la règle *Dies interpellat pro homine* n'était pas admise en droit romain (1). L'obligation pénale était regardée par la législation romaine comme une obligation conditionnelle, et la peine était encourue dès que la condition était accomplie, c'est-à-dire lorsqu'il n'y avait pas eu exécution de l'obligation à l'échéance du terme. Il n'en était autrement que si le créancier avait rendu l'accomplissement de la promesse impossible par un fait qui lui fût imputable. On assimilait à la clause pénale la stipulation d'intérêts faite par le créancier d'une somme d'argent, pour le cas

(1) *Secus* art. 1230 C. C.

où il ne serait pas payé à l'échéance, et aussi la stipulation de la clause commissoire : nulle sommation n'était exigée dans ces deux cas, et dès que le payement n'était pas effectué à l'époque convenue, le créancier pouvait exiger les intérêts (1); l'acheteur avait perdu tous les droits qu'il tenait de la vente (2). Peu importe, au reste, comme dans les autres obligations personnelles, que le défaut de payement ait pour cause la faute du débiteur ou un cas de force majeure; il suffit que le créancier n'ait pas par sa faute rendu le payement impossible, pour que la peine soit de plein droit encourue.

Dans les contrats qui ont pour objet un *facere*, le simple retard produit cet effet très-important de remplacer l'accomplissement du fait primitivement stipulé par l'obligation de payer des dommages-intérêts. Néanmoins il est utile de remarquer que, si le fait stipulé pouvait aussi bien être accompli, sans aucun préjudice pour le créancier, à un moment qu'à un autre, le débiteur conservait jusqu'à la litiscontestation le droit de s'acquitter, en remplissant l'obligation qu'il avait contractée (3). Ce n'est donc, dans beaucoup de cas, qu'à partir de la litiscontestation que l'obligation de payer des dommages-intérêts prend la place de l'obligation d'accomplir le fait stipulé et promis. Dans beaucoup d'hypothèses, le simple retard ne produit pas cet effet important. (L. 84, L. 98, D. *de verborum obligationibus*.)

2º Dans les obligations dont l'exécution doit s'accomplir, d'après la convention, dans un certain laps de temps, le simple retard donne le droit au créancier de poursui-

---

(1) *Secus* art. 1153, § 3, C. C.; art. 57 Pr. C.; L. 9, § 1, D. *de usuris*.
(2) *Secus* art. 1656 C. C.; L. 4, § 4, D. *de lege commissoria*.
(3) Dans notre droit, il ne peut plus se libérer par ce moyen à partir de la demeure (art. 1139 et 1146 C. C.). Pour les obligations de ne pas faire, la simple contravention fait encourir les dommages-intérêts (article 1145 C. C.)

vre ailleurs l'estimation de la chose. Mais le créancier ne
peut réclamer devant la justice des dommages-intérêts
que s'il a été, sur les lieux, prêt à recevoir payement, et
que le débiteur ait par sa faute rendu le payement impossible. C'est la solution qui découle des principes comme
une conséquence naturelle ; c'est aussi la solution que
consacre la L. 8, D. *de eo quod certo loco*. La caution,
dans le cas de simple retard, peut être poursuivie et être
contrainte à payer la valeur de la chose ; mais si, par
l'existence d'une sommation, ce simple retard s'est trans-
formé en demeure, la caution ne peut plus être poursuivie ; car, s'il est vrai de dire qu'elle est tenue du payement
de l'obligation qui a sa cause dans la convention cau-
tionnée, il est contraire à toutes les règles du droit et
de l'équité de la rendre responsable du payement d'une
obligation, au fait générateur de laquelle elle n'a pris
aucune part.

De même, et en quelque sorte *à fortiori*, les obligations
qui ne peuvent, à raison de leur nature, s'exécuter que
dans un certain temps, se transforment, par l'effet du
simple retard, en dommages-intérêts ; le créancier peut,
sans sommation préalable, poursuivre devant les tribunaux le payement du *quod interest*, et le débiteur
ne peut plus, pour échapper à cette conséquence de sa
faute, exécuter l'obligation (1).

3° En matière de vente, le simple retard a pour effet
de faire courir les intérêts au profit du vendeur dès l'instant où celui-ci pourrait, par l'action *ex vendito*, réclamer
le payement du prix moyennant lequel a eu lieu la vente,
c'est-à-dire dès l'instant de la tradition, à moins de convention spéciale sur l'époque du payement (2). Car, dit
la L. 13, § 20, D. *de actionibus empti et venditi*, il est de

(1) Cf. art. 1146 C. C.
(2) Cf. art. 1652 C. C.

toute équité que l'acheteur qui jouit de la chose paye, en compensation, les intérêts de son prix.

4° La loi a enfin entouré certaines personnes d'une protection spéciale, et leur a accordé de nombreux privi-léges. Le simple retard a servi de motif au législateur pour leur octroyer une nouvelle faveur. Les intérêts courent de plein droit à partir du moment de la naissance de la dette au profit des corporations pieuses, du fisc et des mineurs. L'intérêt que les empereurs chré-tiens ont porté à la religion explique ce privilége accordé aux corporations pieuses, ainsi que tous ceux que leur concèdent de nombreuses lois insérées au Code, et qui semblent empruntées à ces époques barbares où, pour faire entrer la conviction dans le cœur des hommes, on ne connaissait que deux moyens également déplorables, l'intérêt et la force. Le fisc a été entouré d'une protection spéciale, et, dans beaucoup de cas, a été assimilé aux mi-neurs. De même le simple retard donne lieu à des dom-mages-intérêts quand la liberté a été léguée par fidéi-commis (1).

5° Enfin, ainsi que nous l'avons déjà vu, le simple re-tard à acquitter le prix du bail, de la part du locataire ou fermier, s'il se prolonge pendant deux ans ; d'acquitter le canon, de la part du preneur emphytéotique, s'il dure trois ans, ouvre pour le propriétaire le droit de poursui-vre et d'obtenir la résolution du contrat. Mais, dans ces cas, les intérêts des sommes dues ne courront qu'autant qu'il y aura demeure, et seulement à partir de la de-meure.

Tels sont les effets attachés par la loi au simple retard : plusieurs de ces effets sont, comme on a pu le voir, tout à fait spéciaux à certaines personnes ; d'autres consti-

(1) L. 17, § 5, D. *de usuris et fructibus*, pour le fisc et les mineurs; L. 26, § 1, D. *de fideicommissariis libertatibus*; L. 46, § 4, C. *de episcopis et clericis*, pour les legs pieux.

tuent des règles générales du droit, et c'est pour cette raison que nous avons cru devoir leur consacrer de plus longs développements.

En exposant maintenant les effets de la demeure, on saisira parfaitement la différence immense qui sépare le simple retard de la demeure, et on comprendra bien mieux comment le droit romain avait dû repousser la règle : *Dies interpellat pro homine*, pour suivre l'équité, qui semble avoir marqué de son impérissable cachet chaque institution de cette législation. Nous examinerons d'abord la partie générale des effets de la demeure, c'est-à-dire ceux des effets qui sont communs et à la demeure du créancier et à celle du débiteur ; passant ensuite à la partie spéciale, nous examinerons les effets particuliers à la demeure soit du créancier, soit du débiteur.

CHAPITRE PREMIER.

EFFETS COMMUNS A LA DEMEURE DU CRÉANCIER ET A CELLE DU DÉBITEUR.

1° Celui qui est en demeure répond de toutes les pertes ou détériorations qui peuvent survenir, tandis que l'autre partie n'est plus tenue de réparer que les détériorations qui proviennent de son dol ou de sa faute lourde (1). La L. 17, D. *de periculo et commodo rei venditœ*, faisant l'application de ces principes, décide que, si l'acheteur est en demeure, le vendeur répond, non pas de sa faute, mais seulement de son dol. Dans le cas de demeures successives, si, par exemple, l'acheteur constitué en demeure fait ensuite sommation à son vendeur qui n'exécute pas la convention, celui-ci seul devra supporter les conséquences

---

(1) Cf. art. 1302, § 1, C. C.

de sa demeûre, et par ce moyen l'acheteur aura purgé la sienne, et n'encourra plus aucune responsabilité. En un mot, dit la L. 17, formulant en une phrase la règle relative à des demeures successives, celui-là supporte les effets de la demeure, qui s'y trouve constitué en dernier lieu.

Celui qui est en demeure doit également, à partir de ce moment, tenir compte à l'autre partie des fruits et accessions. Pour les *judicia bonæ fidei*, cette solution ne peut faire l'objet d'aucun doute. Si le défendeur est de bonne foi, *si sine dolo malo ad judicium provocat*, comme dit la loi 63, D. *de regulis juris*, il ne supportera pas les effets de la demeure et retombera alors sous l'empire des règles ordinaires du droit. Ainsi le demandeur aura droit aux fruits et accessions de la chose, en vertu du libellé même de la formule : *In id quod interest condemna.* Il lui sera donc tenu compte des fruits perçus depuis la litiscontestation.

Anciennement, il en était tout autrement dans les *judicia stricti juris*, et le demandeur n'avait pas droit aux fruits ; plus tard, on lui accorda les fruits dans la pétition d'hérédité (1), en vertu du sénatus-consulte Jouventien, rendu sous Adrien. Puis les jurisconsultes étendirent, par voie d'analogie, cette obligation de restituer les fruits aux autres actions revendicatoires ; enfin ils appliquèrent cette règle même aux actions personnelles (2). On doit donc, en toute hypothèse, rendre la chose dans l'état où elle était au moment de la demande : *Tale est cum petitur, tale dari debet.*

Si, au contraire, le défendeur n'a pas été de bonne foi en appelant son adversaire en justice, s'il devait se croire débiteur, par exemple, il sera en demeure, non

---

(1) L. 40, § 1, D. *de hereditatis petitione.*
(2) L. 2, D. *de usuris et fructibus.*

plus seulement à partir de la litiscontestation, comme dans l'hypothèse que nous venons d'examiner, mais à partir de la sommation. Il devra compte des fruits à partir de ce moment.

On objecte cependant contre notre solution la loi 3, D. *de condictione triticiaria*, qui décide que l'estimation doit avoir lieu en principe sur la valeur et l'état de la chose à l'époque de la *condemnatio*. Sans rechercher les opinions diverses qu'ont émises les auteurs sur le sens de cette loi, je me contenterai d'en donner l'explication qui me semble la plus naturelle et la plus conforme aux principes du droit romain. On pourrait dire que cette loi statue sur le cas où les fruits n'ont pas été restitués ; il faut bien alors en faire l'estimation ; et cette opération ne peut avoir lieu qu'au temps de la condamnation, c'est-à-dire à l'époque où ces fruits existent, tandis qu'on ne peut pas se reporter à l'époque de la litiscontestation, puisqu'à cette époque les fruits dus lors de la condamnation n'existaient pas. Cette explication excessivement ingénieuse, et qui aurait le mérite de concilier notre texte avec les principes généraux du droit, ne nous semble pas s'appuyer sur des motifs déterminants. Nous croyons qu'Ulpien a employé ici le mot *condemnatio* dans le même sens que dans la loi 2 pr., D. *de exceptionibus*, c'est-à-dire pour désigner la troisième partie de la formule(1). C'est, du reste, la solution de la loi 22, D. *de rebus creditis*. Au surplus, dans l'hypothèse de notre loi, il s'écoulait peu de temps entre la rédaction de la formule et le jugement, et on voit très-bien comment Ulpien, dominé par l'idée que l'estimation ne devait pas avoir lieu sur la valeur de la chose à l'époque de la stipulation, a employé le mot *condemnatio*.

(1) Gaius, dans ses *Commentaires*, emploie très-souvent le mot *condemnatio* dans ce sens : *Condemnationem concipere, formulæ quæ condemnationem habent*, etc., etc.

2º Par une conséquence naturelle du premier effet de la demeure, celui des contractants qui est en demeure supporte la diminution du prix ou la dépréciation qu'a subie la chose depuis le moment de la demeure. Ainsi la loi 3, § 3, D. *de actionibus empti et venditi*, décide que, si le vendeur est en demeure, il devra le plus haut prix de la chose, soit celui qu'elle avait au moment de l'exigibilité, soit celui qu'elle a au moment de la condamnation. Le § 4 de la même loi applique le même principe à la demeure de l'acheteur. Dans ce cas, on estimera la chose au plus bas prix, et naturellement entrera, dans le calcul des dommages-intérêts que l'acheteur devra au vendeur, la différence qui existe entre le plus bas prix de la chose et le prix convenu. Cet effet de la demeure est, comme nous le disions, une des conséquences de celui qui précède ; puisque celui qui est en demeure répond des pertes et détériorations de la chose, il doit évidemment supporter les diminutions de prix.

Remarquons toutefois qu'il n'en est pas ainsi pour les *judicia stricti juris*. Dans ceux-ci, en effet, la valeur de la chose s'estime au moment de la litiscontestation. Dans les *judicia bonæ fidei*, ainsi que nous venons de le voir, lorsque le débiteur est en demeure, le créancier peut, à son choix, demander la valeur de la chose soit au moment de l'exigibilité, soit au moment de la condamnation. De même, s'il y a terme, on ne peut demander, dans les *judicia stricti juris*, que la valeur de la chose au moment de l'échéance du terme. Telle est notamment la solution de la L. 4, D. *de condictione triticiaria* (1). Cette différence, consacrée par des textes nombreux, est parfaitement conforme au génie du droit romain. Si, dans les

---

(1) Rapprocher et comparer les L. 22, D. *de rebus creditis* ; L. 59, D. *de verborum obligationibus* ; et pour l'époque où doit se placer l'estimation de la chose dans les actions de bonne foi, consulter L. 3, § 2, D. *commodati vel contra*.

judicia bonæ fidei, l'échéance du terme, l'époque de la litiscontestation n'exercent aucune influence sur l'estimation des objets, c'est que la demande tend à obtenir un *incertum*, une somme que le juge devra déterminer, et, dans l'appréciation du *quanti ea res erit* de la formule, il devra faire entrer toutes les circonstances qui peuvent avoir une influence quelconque sur la valeur de la chose. Tout au contraire, dans les *judicia stricti juris*, l'objet de la demande est une chose certaine, déterminée, et le juge, qui ne peut condamner qu'à la restitution de cette chose ou de sa valeur, ne se trouve pas investi du pouvoir d'appréciation que lui confère la formule *Quanti ea res erit, condemna*. Dans ces dernières actions, la valeur de la chose doit s'estimer au moment de la litiscontestation, parce que, lorsqu'en présence du magistrat le défendeur a accepté le procès et la rédaction de la formule, il doit prester au demandeur la chose avec son *omnis causa*, c'est-à-dire mettre le demandeur, qui gagne son procès, dans la même position que si, au moment de la litiscontestation, il avait de lui-même acquitté ce à quoi il a été ensuite condamné. Ici on ne prend pas la demeure en considération, parce que le créancier n'a aucun droit aux intérêts moratoires, le *certum* de la demande ne pouvant comprendre que l'estimation objective de la chose, qui est invariable. Ainsi, dans les *judicia stricti juris*, la demeure n'exerce aucune influence sur l'estimation de la chose. Si cependant le voleur doit payer la plus grande valeur qu'a eue l'objet volé dans le temps compris entre le vol et le jugement, c'est que le vol est censé se continuer, c'est que le voleur est toujours censé en demeure, en vertu d'une interpellation de tous les instants ; c'est que le propriétaire ne cause aucun préjudice à l'auteur du vol en choisissant pour l'estimation le jour où la chose a eu la plus grande valeur, puisque ce dernier a dû penser à chaque instant qu'on pouvait lui réclamer la chose.

3° Celle des parties qui est en demeure doit, à partir de l'interpellation, réparer tout le dommage que son retard cause à l'autre partie, s'il s'agit d'une action *bonœ fidei*. Dans les *judicia stricti juris*, le condamné doit rembourser, non pas *id quod interest*, mais seulement, selon la L. 3, D. *de condictione triticiaria,* que nous avons expliquée plus haut, la valeur au moment de la rédaction de la condamnation, c'est-à-dire de la litiscontestation, en y faisant entrer l'estimation des fruits et accessions qui sont venus augmenter la valeur de la chose.

CHAPITRE II.

EFFETS PARTICULIERS A LA DEMEURE DU DÉBITEUR.

1° Le débiteur est, à partir de la demeure, constitué de mauvaise foi dans les *judicia bonœ fidei*; en conséquence, il doit restituer non-seulement les fruits qu'il a perçus, mais encore ceux que le créancier aurait pu percevoir. En effet, dans les *judicia bonœ fidei*, ces fruits, que le créancier aurait pu percevoir, constituent le *id quod interest*. Dans les *judicia stricti juris*, ces fruits sont dus à partir de la *litiscontestatio,* parce que, si la restitution avait eu lieu *in limine litis*, le demandeur les aurait acquis, et parce que le débiteur condamné doit réparer les conséquences funestes que peut engendrer son retard.

2° S'il s'agit de capitaux, le débiteur doit les intérêts légaux à partir de la demeure; on les appelle pour ce motif intérêts moratoires. C'est le principe que consacre, en matière de vente, la L. 19, D. *de periculo et commodo rei venditæ.* Il les doit comme dommages-intérêts représentant la somme que le créancier aurait pu gagner avec cet argent. C'est également la solution de la L. 32, § 2, D. *de usuris* (1). Dans les *stricti juris judicia*, le créancier n'a pas droit aux intérêts moratoires, mais seulement il doit recevoir ce qu'il aurait eu, si la chose lui eût été payée lors de l'introduction de l'instance. Il faudra donc, dans ce cas, ce qui du reste est une conséquence nécessaire de la manière dont est rédigée la formule, que le demandeur, pour obtenir les intérêts moratoires, prouve qu'il eût placé la somme et qu'elle lui eût produit des intérêts, si on l'avait payée lors de la *litiscontestatio* (2).

3° Selon Mühlenbruch, la demeure aurait pour effet de rendre perpétuelle l'action du créancier; c'est ainsi qu'il entend les mots : *perpetua fit obligatio*, que nous trouvons dans un grand nombre de textes. Tel n'est pas, selon nous, le sens de ces expressions. Si le débiteur est interpellé par une sommation, une citation en justice, la demeure, qui résulte de cet acte, interrompt la prescription, qui a commencé à courir dans l'hypothèse d'une obligation pure et simple dès l'instant de l'existence de la convention, dans l'hypothèse d'une obligation conventionnelle dès le moment où la condition s'est accomplie, dans l'hypothèse d'une obligation à terme dès l'échéance du terme. Mais cette sommation, qui interrompt la prescription, ne peut pas être

---

(1) Il en est de même sous l'empire du Code civil, art. 1153. Le taux de l'intérêt légal a été fixé par la loi du 3 septembre 1807, art. 2, qu'on veut, avec raison, supprimer aujourd'hui. Ajoutons que la sommation ne suffit pas pour faire courir les intérêts moratoires; dans ce cas, il faut une demande en justice. (Rapprochez de notre art. 1153 l'art. 57 Pr. Civ.)

(2) L. 35, D. *de verborum significatione* ; L. 38, § 7, D. *de usuris et fructibus.*

4

un obstacle à ce qu'une nouvelle prescription prenne naissance, et celle-ci commencera à courir à partir du dernier acte de poursuite. Dans ce sens, il ne sera pas vrai de dire que l'obligation est perpétuée, puisqu'elle sera soumise à une prescription. Dira-t-on que la demeure rend perpétuelles les actions prétoriennes, qui n'étaient que temporaires? Non, car la règle *Mora perpetuat obligationem* est de droit très-ancien, comme le constate Paul, dans la L. 91, § 3, D. *de verborum obligationibus;* et elle est, en conséquence, de beaucoup antérieure à la distinction des actions en perpétuelles et temporaires. En effet, les actions prétoriennes, c'est-à-dire de création récente, furent seules en général temporaires (1). Du reste, si tel avait été le sens de notre règle, au lieu de nous en présenter l'application comme générale, les textes auraient dû nous la montrer comme ne s'appliquant qu'à des cas spéciaux et exceptionnels. La L. 91, § 5, D. *de verborum obligationibus*, nous donne le vrai sens de notre règle. Cette loi décide que si le fils a promis par l'ordre de son père, et vient à tuer l'esclave objet de l'obligation, son père ne sera pas libéré *interitu rei;* la faute du fils perpétuera l'obligation, c'est-à-dire le père pourra être actionné, malgré la perte de la chose, bien que l'action du créancier reste soumise aux règles ordinaires de la prescription. Ce que cette loi dit de la faute du fils, la L. 24, § 2, *in fine,* D. *de usuris et fructibus*, le dit également de la demeure, quand elle s'exprime ainsi : *Item cum procurator interpellaverit promissorem hominis, perpetuam facit obligationem.* Ces expressions signifient donc seulement que le débiteur reste obligé malgré la perte fortuite de la chose, et non que son action devient imprescriptible.

(1) Il y a une exception pour l'action *furti manifesti.* Gaïus, *Comment.* IV, n° 111.

En général, la perte de la chose est un des modes d'extinction des obligations, et elle libère le débiteur aussi complétement que le payement : *Verborum obligatio resolvitur, cum res in stipulationem deducta, sine culpâ promissoris in rebus humanis esse desiit* (1) Mais si le débiteur a été en faute, si par suite de sa faute la chose a péri, il en doit l'estimation ; car, par une sorte de fiction, la chose est censée subsister encore. Tel est aussi le sens de la L. 91, § 3, D. *de verborum obligationibus :* l'obligation continue de subsister malgré la perte de la chose. Telle est la dérogation à la règle générale, dérogation que les Romains exprimaient par ces mots : *perpetuatur obligatio.* Le débiteur en demeure doit la chose comme si elle n'avait pas péri, dit la L. 82, § 1, D. *de verborum obligationibus ; Periculo ejus vivit et deterior fit*, dit Africain, dans la L. 108, § 11, D. *de legatis* 1º; en un mot, la chose est aux risques et périls du débiteur.

On argumente, en faveur de l'opinion que nous ne saurions partager, de la L. 59, § 5, D. *mandati vel contra.* Voici l'exposé de cette loi, dans laquelle il s'agit d'un *mandator pecuniæ credendæ* : Je vous donne mandat de prêter une certaine somme à Sévère., mon parent par alliance, sur tel et tel gage, m'engageant, par le présent mandat, à vous garantir cette somme, principal et intérêts, jusqu'à la mort de Sévère. Celui qui avait donné ce mandat avait souvent été sommé de remplir son engagement, et n'avait rien répondu ; on demande s'il est libéré par la mort du débiteur principal. Paul répondit que l'obligation du mandat était perpétuelle, quoique le mandat ne portât d'engagement apparent que jusqu'à la mort de Sévère. Des termes et de l'exposé de cette loi, résulte-t-il que la demeure perpétue l'action ? Non ; car personne ne pourra et n'osera soutenir que l'action de

_____

(1) L. 107, D. *de solutionibus et liberationibus.*

mandat ne se prescrive pas, même après la demeure. S'il intervient des actes interruptifs de la prescription, *v. g.* une sommation, il n'est pas moins vrai qu'une nouvelle prescription commence à courir à partir du dernier de ces actes. Quel est donc le sens de cette loi? C'est que l'obligation du mandant continue de subsister après la mort du débiteur principal, de celui qui a contracté l'emprunt, non pas en vertu de la convention, mais en vertu de la demeure, qui est un acte injuste et préjudiciable aux intérêts du créancier.

Tel est le sens de cette loi, qui veut dire, comme celles que nous avons expliquées plus haut, non pas que l'obligation devient perpétuelle à partir de la demeure, mais qu'elle subsiste malgré la perte de la chose, en un mot, que le débiteur n'est pas libéré par un fait qui, s'il n'avait pas été en demeure, eût produit à son égard le même effet que le payement.

En matière de revendication, quand le véritable propriétaire demande le prix de la chose qui a péri, nous savons que certains possesseurs ont le droit de lui opposer une exception tirée de ce que la chose eût également péri entre ses mains, et qu'il ne l'eût pas vendue. La même exception peut-elle être opposée par le débiteur en demeure? Les auteurs sont très-divisés sur cette question; les uns soutiennent qu'on doit placer le débiteur en demeure dans la classe la plus défavorable; les autres, qu'on doit lui permettre d'opposer cette exception. En présence de cette controverse, nous croyons utile de déterminer quels sont ceux qui peuvent opposer l'exception qui nous occupe en ce moment.

Il est tout d'abord incontestable que les possesseurs violents et les voleurs ne peuvent pas user de ce moyen de défense (1). Les textes nombreux, qui parlent de l'o-

(1) Cf. art. 1302, § 4, C.C.

bligation dans laquelle ils sont de restituer la valeur de la chose périe, sont complétement muets sur l'exception qui, dans certains cas, leur permettrait d'échapper à une condamnation (1). Il en résulte nécessairement qu'ils ne peuvent pas l'opposer. La position très-défavorable dans laquelle ils se trouvent justifie pleinement cette solution. Cependant des auteurs soutiennent l'opinion contraire, et argumentent de la L. 14, § 11, D. *quod metus causa gestum erit*. Cette loi décide que si l'esclave objet de l'action vient à mourir sans qu'il y ait faute de la part de celui qui a été condamné au quadruple, comme auteur de la violence, celui-ci sera déchargé de la condamnation en ce qui regarde la restitution. Mais quelle est la raison de cette solution? La réponse de la loi détruit l'argument qu'on prétend tirer de sa décision. Si l'esclave est mort, ajoute la loi, dans le délai accordé pour satisfaire au jugement, l'auteur de la violence sera déchargé de l'obligation de restituer l'esclave, parce qu'il est condamné au triple, en punition de sa conduite déloyale. C'est donc à tort que l'on invoque cette loi en faveur du voleur et du spoliateur, et qu'on veut contrebalancer par ce texte unique, qui s'explique, du reste, par les circonstances, la valeur de tant de textes concordants. Le voleur et le spoliateur sont donc toujours tenus de payer la valeur de la chose périe.

Dans toutes les autres hypothèses, le débiteur soit en demeure, soit possesseur de mauvaise foi, pourvu que sa possession n'ait pas pris naissance dans la violence ou dans le vol, jouit de cette exception et n'est responsable de la perte fortuite qu'autant que la chose n'aurait pas péri chez le créancier, ou que, la chose ayant dû également périr chez le créancier, celui-ci l'aurait vendue. Le

(1) L. 7, § 2; L. 8, § 1; L. 20, D. *de condictione furtiva*; L. 1, § 34; L. 19, D. *de vi et de vi armata*.

débiteur doit donc prouver que la chose eût également
péri chez le créancier, et que celui-ci ne l'eût pas vendue (1). A ces conditions, il n'est pas responsable de la
perte de l'objet. Bien que cette exception ne soit pas formulée dans tous les textes relatifs à la responsabilité du
débiteur, néanmoins ceux qui l'énoncent le font d'une
manière si claire et si générale, qu'il nous semble impossible de contester son existence. Nous allons prouver la
vérité de cette réflexion par des exemples, et nous arrive-
rons ainsi à démontrer que les textes qui sont muets sur
cette exception doivent se compléter et s'interpréter au
moyen de ceux qui en consacrent l'existence comme une
règle générale. Ainsi, en principe, le débiteur est responsable des risques et périls de la chose à partir de la litiscontestation, aux termes de la L. 12, § 3, D. *depositi vel
contra*. Néanmoins la L. 14, § 1, D. *eod. tit.*, vient rectifier
les expressions trop générales de la L. 12, et décider que,
si l'esclave déposé meurt de mort *naturelle* après la litiscontestation, le dépositaire ne sera pas responsable de
cette perte. La solution de cette loi n'est que l'application d'un principe général, en vertu duquel le débiteur
en demeure ne répond pas des cas fortuits qui seraient
venus atteindre la chose entre les mains de son véritable
propriétaire. La L. 12, § 4, D. *ad exhibendum*, pose le
même principe pour l'action *ad exhibendum*, et y fait la
même exception. Cette exception est encore accordée
par la L. 47, § 6, D. *de legatis* 1º, à l'héritier débiteur
d'un legs, et par la L. 15, § 3, D. *de rei vindicatione*, en
matière de revendication.

Ainsi, en présence des textes du droit romain, en présence de l'équité qui a servi de base à tout l'édifice législatif de ce peuple et aux modifications nombreuses qu'il
y a apportées avec le temps, il nous semble incontestable

(1) Cf. art. 1302, § 2, C. C.

que, si la demeure perpétue l'obligation, c'est seulement
en ce sens que le débiteur reste obligé malgré la perte
fortuite de la chose, pourvu que, remise entre les mains
du créancier, cette chose n'y eût pas péri, et qu'il ne
l'eût pas vendue. Cette exception, cette restriction à la
règle générale est conforme en tous points à l'équité ; il
est, en effet, contraire à la justice de voir un homme
s'enrichir aux dépens d'un autre ; et s'il est juste que le
créancier ne soit pas constitué en perte par la demeure
du débiteur, il est également juste qu'elle ne soit pas
pour lui la source d'un bénéfice : c'est cependant ce qui
arriverait si, la chose ayant dû également périr entre ses
mains, il restait néanmoins créancier de sa valeur.

Mais à qui incombe l'obligation de prouver que la
chose a péri par suite d'un événement qui l'aurait également atteinte chez le créancier, et que celui-ci ne l'aurait pas aliénée ? Nous déciderons, avec la presque unanimité des auteurs, que c'est au débiteur à faire cette
preuve. Il tire, en effet, exception d'un événement fortuit, contraire à ce qui arrive ordinairement ; c'est, en
conséquence, à lui à en établir l'existence. Cette modification au principe que la demeure perpétue l'obligation est une véritable exception introduite en faveur du
débiteur par un sentiment d'équité ; c'est donc à lui
qu'incombe la charge d'en établir l'application.

Enfin certains auteurs ont prétendu trouver un autre
effet à la demeure dans l'action qu'avait le créancier pour
poursuivre son débiteur : ils ont regardé la *condictio
triticiaria* comme ayant surtout pour objet de poursuivre les dommages-intérêts résultant de la demeure.
Pour nous, nous croyons que la *condictio triticiaria*
n'est rien autre chose que la *condictio certi* appliquée à
tout ce qui n'est pas une somme d'argent. Elle ne s'applique donc ni aux obligations de faire, ni aux stipula-

tions d'un *genus*, ni à l'obligation alternative, lorsque le débiteur a le choix ; car alors c'est la *condictio incerti* par laquelle on agira : elle ne comprend pas davantage les dettes de sommes d'argent. C'est une *condictio certæ rei* appliquée aux objets autres qu'une somme d'argent.

Dans l'origine, il n'y avait qu'une *condictio*, la *condictio certi*, par laquelle on demandait une somme d'argent, soit comme objet de l'obligation primitive, soit à titre de peine. Dans cette action, le pouvoir du juge était limité par la formule. La somme d'argent réclamée, portant en elle-même l'estimation de sa valeur, le juge n'avait que deux partis à prendre : condamner ou absoudre ; il n'avait aucun pouvoir arbitraire, aucune estimation à faire. Dans le système du *strictum jus,* il était naturel de distinguer de cette *condictio certi* et de la stipulation qui lui donnait naissance, toutes les autres espèces de stipulations de choses corporelles qui n'indiquaient pas leur valeur par elles-mêmes, mais qui, en cas de perte, étaient remplacées par une somme d'argent. On donna pour ces sortes de stipulations une action spéciale, qui fut la *condictio triticiaria ;* c'est, au surplus, ce que nous apprend Ulpien dans la L. 1, D. *de condictione triticiaria.* Le nom de *triticiaria* donné à cette *condictio* s'explique parfaitement bien. Nous savons, en effet, que, dans l'ordre historique, la première *condictio* qui prit naissance, celle que nous trouvons à l'époque des actions de la loi, c'est la *condictio certi.* Puis les nécessités sociales firent étendre cette *condictio certi* ou *certæ pecuniæ* à d'autres stipulations qui avaient pour objet des choses de toute autre nature. Mais, comme le commerce de Rome et de ses habitants consistait surtout en denrées et en blé, qu'ils tiraient d'abord de Sicile et plus tard d'Afrique, il est probable qu'on appliqua d'abord cette *condictio* au blé, d'où son nom de *condictio triticiaria;* plus tard on l'étendit à toutes les choses corporelles ayant un prix marchand, et elle conserva sa dénomination primitive.

CHAPITRE III.

EFFETS PARTICULIERS A LA DEMEURE DU CRÉANCIER.

Même dans cette hypothèse de la demeure du créancier, il est fort utile de savoir si le débiteur est en demeure ; car alors la mise en demeure du créancier produira un effet tout spécial. En effet, si le débiteur est en demeure au moment où il fait les offres au créancier qui les refuse, la demeure de ce dernier a pour premier effet de purger celle du débiteur ; les effets de la demeure du débiteur cessent pour l'avenir, et dès ce moment il ne répond plus, vis-à-vis de son créancier, que de son dol et de sa faute lourde.

Si le débiteur n'est pas en demeure, et si l'objet de la stipulation est une *species*, le créancier continuera de supporter les risques et périls de la chose ; il n'y aura sur ce point rien de changé ; de même que, dans la première hypothèse, le débiteur ne répondra plus que de son dol et de sa faute lourde, alors même qu'avant la demeure de son créancier il fût tenu de sa faute légère (1). L'obligation du débiteur se trouve ainsi diminuée, et la position du créancier devient plus mauvaise. Mais, si l'obligation est d'un *genus*, d'une *quantitas*, si elle est alternative, les offres faites au créancier ont pour effet de spécifier la chose objet de l'obligation, pourvu toutefois que la quantité ait été mesurée. Alors la chose est aux risques et périls du créancier, et le débiteur, de même que dans le

(1) L. 5 ; L. 17, D. *de periculo et commodo rei venditæ.*

cas où l'objet de l'obligation est une *species*, n'est tenu que de son dol et de sa faute lourde. S'il s'agit d'une somme d'argent, il suffit que le débiteur l'ait comptée et sortie de sa caisse, pour qu'elle soit désormais aux risques et périls du créancier. Ce résultat est parfaitement conforme à l'équité. En effet, si le créancier eût accepté, ainsi que sa conscience le lui commandait, les offres qui lui étaient légitimement et valablement faites par son débiteur, la quantité ou la somme, qui eût été ainsi payée, n'eût point péri pour le débiteur. Or, il est de principe que la faute ou la demeure du créancier ne peut pas nuire au débiteur. Cette perte doit donc être supportée par le créancier, et par lui seul. Telle est la solution de la L. 72 pr., D. *de solutionibus et liberationibus*. Si je vous dois dix, dit cette loi, qu'après des offres valablement faites, ces dix viennent à périr sans ma faute, je pourrai repousser votre demande par l'exception de dol, alors même qu'antérieurement j'aurais été en demeure. On accorde, dans ce cas, l'exception de dol au débiteur pour lui permettre de repousser la demande de son créancier, à quelque moment qu'elle se produise. En effet, par suite de la demeure du débiteur, l'obligation était devenue perpétuelle, et il fallait bien lui accorder l'exception de dol, à l'effet de le protéger contre la demande injuste de son créancier.

La solution, que nous venons de donner, a cependant été contestée, et des auteurs ont prétendu que le créancier ne devait pas être déclaré responsable, dans tous les cas où l'argent déposé venait à périr sans la faute du débiteur. Pour appuyer leur solution, ils ont argumenté de la L. 102 pr., D. *de solutionibus et liberationibus*. Cette loi suppose le cas où l'argent, déposé par le débiteur après le refus du créancier de recevoir payement, a été saisi par le fisc, parce qu'il renfermait trop d'alliage, et elle décide qu'alors le créancier ne doit pas supporter la perte. Mais le simple examen de ce texte prouve jusqu'à l'évidence qu'il n'est pas en opposition avec la L. 72, dont nous venons de parler. En effet, dans l'hypothèse de la L. 102, le refus du créancier d'accepter les offres n'est pas illégal, puisque l'argent n'était pas de bon aloi, et puisque, en conséquence, le payement n'était pas libératoire. En outre, la saisie opérée par le fisc ne saurait être assimilée à un cas fortuit, puisque le débiteur qui a payé est responsable de la bonté des espèces données en payement.

Il reste donc bien établi que, si les pièces données en payement viennent à périr sans la faute du débiteur, le créancier devra en supporter la perte. La demeure du créancier a donc pour effet direct et immédiat de transporter sur sa tête la responsabilité des risques et périls, de dégager le débiteur de la responsabilité de toute faute, à moins cependant qu'il ne se rendît coupable de dol ou de faute lourde.

Cependant on ne s'est pas arrêté là, et, guidés par le peu d'intérêt qu'inspire la personne d'un créancier qui refuse de recevoir un payement qui lui est légitimement offert avec sommation de prendre ou de faire prendre la chose, des auteurs ont accordé au débiteur le droit d'abandonner l'objet de l'obligation et de se libérer par cet abandon. Remarquons toutefois qu'en ce qui concerne les sommes d'argent, ils exigent le dépôt préalable. Cette théorie, qui a été brillamment soutenue par Zimmern, se fonde sur la L. 1, § 3, D. *de periculo et commodo rei venditæ*. Cette loi suppose qu'une personne a vendu du vin à une autre sous la condition de le mesurer et pour un prix déterminé par chaque mesure; il a été inséré, en conséquence, dans la convention, une clause en vertu de laquelle le vin devait être mesuré à une certaine époque; le temps s'écoule, le terme arrive à échéance; le vendeur fait sommation à son acheteur d'avoir à venir mesurer le vin et en prendre livraison, en l'avertissant que, faute par lui d'en agir ainsi, il répandra la marchandise vendue sur la voie publique. L'acheteur ne se présente pas ; le vendeur laisse couler le vin ; il n'en est pas responsable. Remarquons que, tout en déclarant une semblable conduite strictement légale, le jurisconsulte la regarde néanmoins comme contraire à l'équité, et accorde tous ses éloges à celui qui aura agi autrement. Abordons maintenant la loi en elle-même. De ce texte spécial on a voulu tirer la conséquence que le débiteur, après avoir mis son créancier en demeure, jouissait du droit de se libérer en abandonnant la chose. Une semblable conséquence, qui pourrait peut-être sembler naturelle, si nous n'avions sur notre sujet que cette L. 1, § 3, nous semble repoussée par le droit romain. En effet, en présence des nombreuses lois qui donnent une solution contraire, et qui sont conçues dans des termes beaucoup plus généraux, il nous semble que la L. 1, § 3, dont nous nous occupons en ce moment, n'a statué que sur un cas spécial. Cette loi ne s'occupe que d'une vente de vin et du cas seulement où, dans la convention, on a fixé le jour où devait avoir lieu le mesurage. Cette hypothèse, toute spéciale, dans laquelle se place le jurisconsulte, prouve, jusqu'à l'évidence, que ce n'est pas ici qu'il établit une règle générale ; que sa solution, spéciale pour le cas qu'il suppose, peut fort bien être exceptionnelle.

Les L. 5 et 17, D. *de periculo et commodo rei venditæ*, posent au contraire en principe qu'après la demeure du créancier, le débiteur doit conserver la chose, sans être tenu désormais d'autre faute que de son dol et de sa faute lourde. Là se trouve le principe général, énoncé de la manière la plus compréhensive par le jurisconsulte, qui ne l'applique à aucune hypothèse spéciale. Du reste, le débiteur étant, après la demeure du créancier, obligé de répondre de son dol et de sa faute lourde, il n'est pas juste de lui permettre d'abandonner une chose dont la garde ne saurait en aucune façon lui porter préjudice.

Ce qui prouve encore que la L. 1, § 3, ne renferme qu'une disposition exceptionnelle, c'est la L. 8, D. *de tritico, vino, vel oleo legato*. Cette loi suppose le cas d'un legs d'une certaine quantité de vin, et elle décide que la L. 1, § 3, ne s'applique pas à cette hypothèse. L'héritier qui, après avoir constitué le légataire en demeure, répandrait le vin, s'exposerait à de sérieux dangers ; mais il pourra, au moyen de l'exception de dol qu'il fera insérer dans la formule délivrée au légataire, demander et obtenir des dommages-intérêts pour la perte que lui cause le retard du légataire à prendre livraison.

Ainsi donc, si la demeure du créancier n'a pas pour effet de permettre au débiteur de se libérer par l'abandon de la chose, elle le met toutefois dans la nécessité de rembourser au débiteur les frais qui ont été indispensables pour la conservation de cet objet.

Enfin la demeure du créancier produit un dernier effet : c'est de lui faire encourir la peine stipulée, dans le but de l'empêcher de se laisser mettre en demeure : de même les stipulations qui avaient eu lieu en faveur du créancier, et pour l'indemniser du dommage que pourrait lui causer la demeure du débiteur, s'éteignent par la demeure de ce créancier.

TROISIÈME PARTIE.

CESSATION DE LA DEMEURE.

CHAPITRE PREMIER.

DES MANIÈRES DE PURGER LA DEMEURE.

La demeure du débiteur est purgée par l'offre qu'il fait à son créancier. Mais il faut que l'offre soit complète, c'est-à-dire comprenne à la fois et l'objet primitivement dû et aussi les dommages-intérêts nécessaires pour réparer le tort que le retard a causé au créancier. Il faut en outre que celui-ci ait intérêt à recevoir l'offre. Il existe, en effet, des obligations qui ne peuvent s'exécuter utilement que pendant un certain temps. Alors l'offre tardive ne pourrait plus purger la demeure du débiteur, si le jour fixé soit par la convention, soit par la nature des choses, était écoulé. Par la faute du débiteur, un droit nouveau s'est ouvert pour le créancier, le droit à des dommages-intérêts. L'exécution ultérieure de l'obligation n'ayant plus pour le créancier aucun intérêt, le débiteur ne pourrait pas le contraindre à l'accepter. C'est là, au surplus, une question de fait à décider *de bono et æquo,* comme le dit fort bien Paul, dans la L. 91, § 3, D. *de verborum obligationibus* (1).

---

(1) Cf. L. 73, D. *eod. tit.*

Remarquons que l'offre du débiteur ne doit pas, pour purger sa demeure, être nécessairement telle, qu'elle constitue le créancier en demeure. Ainsi, si, par un événement fortuit qui ne lui est pas imputable, le créancier se trouve dans l'impossibilité de recevoir l'offre, il ne sera pas en demeure, et cependant le débiteur n'en aura pas moins purgé la sienne.

Le créancier peut également purger sa demeure en acceptant la chose due et offerte par le débiteur. De même que, pour purger sa demeure, le débiteur doit offrir de réparer le tort qu'a causé au créancier le retard dans le payement, de même le créancier en demeure doit, s'il veut la purger, offrir d'indemniser le débiteur du dommage qu'a pu causer à celui-ci la conservation de la chose. Pour que le créancier puisse purger sa demeure, il faut aussi que l'obligation ne soit pas éteinte, que la chose n'ait point péri par un cas fortuit ou par un événement non imputable au débiteur ; il faut enfin que la chose n'ait point été déposée, car la consignation libère le débiteur, qui alors n'est plus tenu que de céder à son créancier son action *depositi*.

Mühlenbruch soutient que les demeures simultanées du débiteur et du créancier ont pour effet de se compenser. Il y a, suivant lui, demeure simultanée quand, l'obligation devant s'exécuter en un lieu et en un temps déterminés, aucune des parties ne se présente. Il appuie son opinion sur la L. 10, D. *de compensationibus*, d'après laquelle la même faute commise par deux associés ne peut pas être un motif de reproche de la part de l'un vis-à-vis de l'autre, et d'après laquelle il y a, dans cette hypothèse, une espèce de compensation. Mais il nous semble que le texte invoqué par Mühlenbruch ne vise nullement l'hypothèse d'une demeure simultanée ; il s'applique seulement au cas où un associé veut reprocher à son coassocié une faute dans laquelle il est lui-même tombé. Du reste, au point de vue rationnel, la demeure simultanée du débiteur et du créancier nous semble complétement impossible. En effet, pour que le débiteur fût en demeure, il faudrait que le créancier fût prêt à recevoir son payement ; ce qui est inadmissible, puisque, d'autre part, pour la demeure simultanée, il faut supposer que le débiteur s'est présenté, tandis que le créancier a fait défaut.

Mais il ne faut pas confondre avec la demeure simultanée la demeure successive des deux parties. Quand il y a demeure successive, la dernière demeure purge la première et produit seule des effets. Celui qui est le dernier constitué en demeure supporte donc les risques et périls de la chose (1).

La demeure est également purgée par la novation de l'obligation primitive.

CHAPITRE II.

EFFETS DE LA CESSATION DE LA DEMEURE.

Maintenant que nous avons déterminé dans quels cas il y avait cessation de la demeure, examinons quels en sont les effets. Elle en produit deux importants : 1° l'obligation cesse d'être perpétuelle ; 2° les intérêts moratoires cessent de courir. Le cours des intérêts conventionnels continue jusqu'au payement de l'obligation ou jusqu'à l'accomplissement d'un acte équivalent au payement ; ces intérêts ont pris naissance avec l'obligation primitive, ils ne doivent donc s'éteindre qu'avec elle (2). Quant à la peine, une fois encourue, elle est due d'une façon définitive, et le débiteur ne peut aucunement se soustraire à l'obligation de

---

(1) L. 51 pr., D. *de actionibus empti et venditi.* L. 17, D. *de pe riculo et commodo rei venditæ.*

(2) L. 7, D. *de usuris et fructibus.*

la payer (1). Il en est de même de la *lex commissoria*. Une fois le terme arrivé sans que l'acheteur ait acquitté le montant de son prix, il fera des offres vaines, et le vendeur jouira toujours du droit de demander la résolution du contrat. Toutefois l'acceptation ou la demande du prix emporte de la part du vendeur renonciation au droit de demander la résolution de la vente.

Lorsque le créancier a purgé sa demeure, l'obligation reprend purement et simplement son caractère primitif; si le créancier, en purgeant sa demeure, a interpellé le débiteur, celui-ci se trouve en demeure et est, en conséquence, soumis à tous les résultats que nous avons examinés au chapitre des effets de la demeure.

Jusqu'ici nous avons vu que les effets de la demeure, tout en cessant pour l'avenir, continuaient à exister dans le passé; il nous reste à montrer les cas dans lesquels les effets de la demeure s'éteignent tant pour le passé que pour l'avenir.

Les effets de la demeure du débiteur sont complétement effacés :

1° Lorsque le créancier accepte l'objet primitivement dû sans faire aucune réserve. Si le débiteur est en demeure, le créancier a droit, non-seulement à l'objet compris dans l'obligation primitive, mais encore à des dommages-intérêts; s'il accepte sans réserves l'offre que lui fait son débiteur, il est censé renoncer implicitement aux dommages-intérêts, aux intérêts moratoires, auxquels il pourrait avoir droit. Il en serait autrement si, après le payement partiel effectué par le débiteur, celui-ci restait encore devoir une partie quelconque du principal; le créancier pourrait alors demander les intérêts moratoires de cette partie.

(1) L. 23, D. *de obligationibus et actionibus*; L. 12, C. *de contrahenda et committenda stipulatione.*

5

2º Lorsqu'il y a eu novation de l'obligation pour laquelle le débiteur était en demeure. En effet, la novation éteint l'obligation tout entière, et peu importe qu'elle ait eu lieu entre le créancier et le débiteur, ou entre le créancier et un tiers (1). La novation conditionnelle elle-même fait disparaître tous les effets de la demeure. En conséquence, si la chose due est une *species* qui périt *pendente conditione novationis*, le débiteur verra s'éteindre la première obligation, parce que la chose a péri par cas fortuit, et la seconde, parce qu'à l'avénement de la condition, il n'existe pas d'obligation qui soit l'objet de la novation. Aussi Marcellus, au § 1 de la L. 72, D. *de solutionibus et liberationibus*, regarde-t-il la novation même conditionnelle comme équivalant à des offres de la part du débiteur.

Cependant Venuleius, dans la L. 31, D. *de novationibus et delegationibus*, donne une solution différente. Cette loi décide, en effet, que si le débiteur est en demeure et qu'il fasse une novation conditionnelle de son obligation, il y aura novation utile, accomplissement opportun de la condition, bien que l'objet vienne à périr avant l'avénement de cette condition. Cette décision est une conséquence par trop rigoureuse du principe *Mora perpetuat obligationem*. En effet, la novation faite par le débiteur ou un tiers, et stipulée par un créancier, équivaut à une offre; seulement le débiteur, au lieu d'offrir le payement en argent, l'offre au moyen d'une nouvelle obligation qu'il contracte. En conséquence, cette offre d'un genre particulier doit produire les mêmes effets que l'offre faite en argent. Aussi l'opinion de Venuleius, qui ne tenait aucun compte des offres résultant de la novation, a-t-elle été abandonnée des jurisconsultes romains, qui

(1) L. 8 pr.; L. 14, D. *de novationibus et delegationibus* ; L. 72, § 1, 2, 3, D. *de solutionibus et liberationibus*.

appliquaient la disposition de la L. 72, § 1, D. *de solutio-nibus et liberationibus.*

3º La prescription, en éteignant l'obligation princi-pale, fait cesser en même temps les effets de la demeure. Elle libère, en conséquence, le débiteur de l'obligation où il se trouvait d'acquitter les intérêts moratoires. C'est en vain qu'on objectera que, l'action à l'effet de pour-suivre les intérêts naissant chaque année, on ne peut pas la déclarer éteinte par la prescription de l'obligation principale. Justinien, dans la L. 26, C. *de usuris*, écarte ce raisonnement en se fondant sur ce que les intérêts ne sont que l'accessoire de l'obligation principale, et que, l'obligation principale étant éteinte, il ne saurait être question de l'acquittement de l'obligation accessoire.

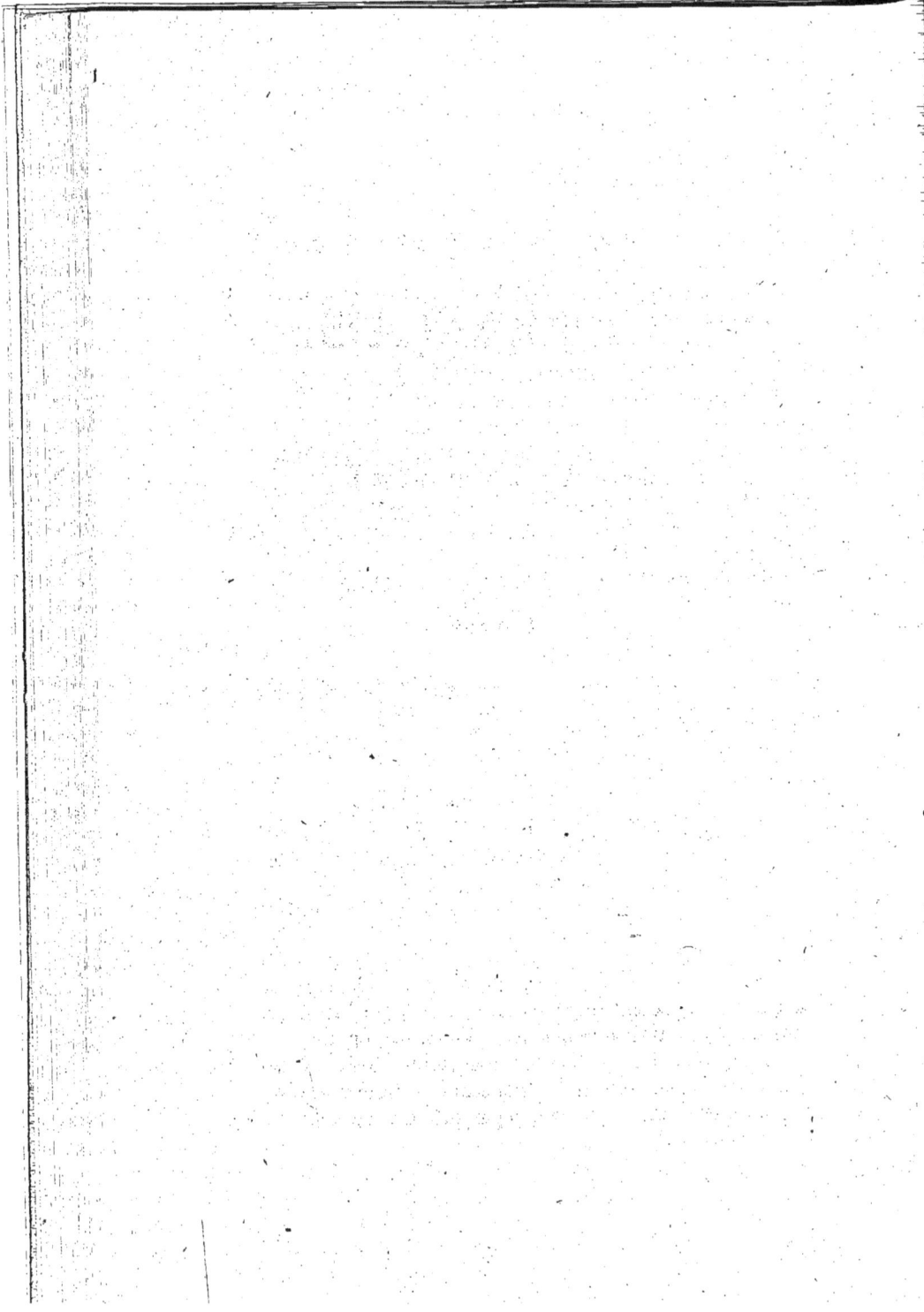

DROIT FRANÇAIS.

DES CONTRATS ENTRE ÉPOUX.

INTRODUCTION.

Toutes les législations qui se sont succédé ont compris que, pendant le mariage, les époux, placés sous l'influence de la vie commune et intime, accessibles aux erreurs des affections aveugles et à de regrettables entraînements, devaient être entourés d'une protection spéciale. Craignant que de mauvaises passions ne vinssent usurper des libéralités qui ne sont dues qu'à une amitié sincère et à une suite de soins désintéressés, elles ont réglé le droit des donations entre mari et femme, dans un esprit de rigueur contre ces dangereux contrats. Mais, comme il est fort à craindre qu'entre personnes si intimement unies, les contrats les plus innocents en apparence ne soient qu'une fraude à la loi et aux droits des tiers, il faut rechercher avec soin si des époux peuvent contracter ensemble comme toutes autres personnes, ou si le législateur, poussant la rigueur jusqu'à ses dernières limites, ne leur a pas interdit toute espèce de contrat.

Mais, avant d'entrer en matière, nous croyons utile d'étudier le plus brièvement possible les législations qui ont précédé notre Code civil, et que les rédacteurs de ce Code avaient sous les yeux quand ils se sont occupés des rapports contractuels entre époux.

Le droit romain, dans son premier état, ne prohibait pas les donations entre mari et femme. A cette époque, la femme tombait presque toujours *in manu*. Gaïus cependant (I, 111) indique, d'après la loi des Douze Tables, le moyen d'interrompre l'*usus*, qui doit entraîner comme conséquence nécessaire la *manus*. Si, à cette époque de la loi des Douze Tables, il est vrai de dire que le plus souvent la femme était *in manu viri*, et qu'ainsi les donations entre mari et femme ne pouvaient pas avoir lieu, il n'en est pas moins certain que tel n'était pas l'état général, et que les donations entre époux étaient possibles.

Du reste, c'est ce que prouve surabondamment le Commentaire de Paul sur la partie de l'édit relative à la loi Cincia. Ce jurisconsulte nous apprend, en effet, que les donations entre époux n'étaient pas soumises aux restrictions introduites par cette loi (1). Il résulte évidemment de ce texte que les donations entre époux étaient permises à cette époque (550). Mais l'usage bientôt fit regarder ces donations comme entachées d'un vice. On trouva odieux de payer ainsi des soins que l'honnêteté elle-même commandait, et les préteurs, transformant en loi cette exigence de la morale publique, prononcèrent la nullité de semblables dispositions. Aussi la L. 1, D. *de donationibus inter virum et uxorem*, dit-elle : *Moribus apud nos receptum est ne inter virum et uxorem donationes valerent.*

A la fin de la république, à cette époque où le divorce

---

(1) Vatic. Frag., § 302.

était tellement entré dans les mœurs, que certains maris comptaient leurs années par le nombre de leurs femmes, les lois prononcèrent la défense absolue des donations entre mari et femme (1). Mais, s'il était juste d'annuler les donations qui n'étaient que l'effet de la contrainte, de l'empire de l'un des époux sur l'autre, il était profondément injuste de prononcer la nullité de celles qui étaient le résultat du libre consentement de l'époux donateur, alors surtout que le disposant persévérait jusqu'à sa mort dans ses intentions bienfaisantes. C'est cette idée qui inspira les auteurs du sénatus-consulte rendu sous Antonin Caracalla. On permet, en conséquence, à l'époux donateur de révoquer la donation; mais, s'il meurt sans avoir manifesté d'intention à cet égard, on la déclare valable. Ce sénatus-consulte établit ainsi beaucoup de ressemblance entre les donations entre époux et les donations à cause de mort, qui, de tout temps, avaient été permises entre conjoints. (L. 11, § 8, D. *de donationibus inter virum et uxorem.*)

Il y avait cependant certaines donations qui, bien qu'entre époux, avaient toujours été déclarées valables et irrévocables, avant comme après le sénatus-consulte de Caracalla : telles sont, par exemple, celles qui n'avaient pas le double effet d'appauvrir le donateur et d'enrichir le donataire, celles faites pour parvenir à une dignité, pour rétablir un édifice détruit par accident, pour divorcer, et quelques autres encore.

Si le droit romain a manifesté à l'égard des donations la plus grande sévérité, il n'en est pas de même en ce qui concerne les autres contrats entre mari et femme. Il les déclare parfaitement valables et leur fait produire tous leurs effets. C'est ainsi que la vente est permise entre époux, pourvu qu'elle ait lieu de bonne foi, et que,

(1) L. 3, § 10 et suiv., D. *de donationibus inter virum et uxorem.*

sous les apparences d'un contrat à titre onéreux, les contractants ne cherchent pas à dissimuler des avantages indirects. (L. 7, §.6, D. *de donat. int. vir. et ux.*) Il en est de même du gage (même loi), du dépôt, du mandat (L. 9, § 3, *in fine*, D. *de jur. dot.*), de la société (L. 16, § 3, D. *de alim. vel. cib. leg.*), du prêt à usage et du prêt de consommation (L. 7, § 6, D. *de donat. int. vir. et ux.*), et de l'échange (L. 36, § 1, L. 58, D. *eod. tit.*).

Il fallait seulement que le contrat eût été fait de bonne foi et qu'il n'eût pas pour but d'éluder les dispositions prohibitives de la loi en matière de donations entre époux. Du reste, la simulation n'était pas présumée, et le législateur romain recommandait aux juges d'être assez difficiles sur cette preuve : « Non amare nec tan- » quam inter infestos jus prohibitæ donationis tractan- » dum est, sed ut inter conjunctos maximo affectu et » solam inopiam timentes. » (L. 28, § 2, D. *de donat. int. vir. et ux.*)

En matière de cautionnement, les législateurs romains redoutèrent l'influence de tous les instants que le mari pouvait exercer sur sa femme, et ils défendirent à celle-ci de cautionner les obligations de son mari. C'est à l'é- poque d'Auguste et de Claude que fut introduite cette défense, qu'un sénatus-consulte fameux dans l'histoire étendit ensuite aux obligations consenties par des tiers. (L. 2 pr., D. *ad. S.-C. Velleïanum.*)

Le droit romain se répandit dans les Gaules après la conquête, et dans les pays de droit écrit, c'est-à-dire dans ceux où la coutume conserva, en grande partie, la législation romaine, on se conforma au sénatus-consulte de Caracalla.

Dans les pays, au contraire, où prévalut l'élément ger- manique après les invasions des barbares, on suivit une législation toute différente. Les Germains avaient apporté avec eux un droit exceptionnel, une législation étrangère au droit romain, malgré une trompeuse ressemblance de mots. Ainsi, au rapport de Tacite, c'est le mari qui dote sa femme, et non la femme qui apporte une dot en se mariant (1).

A côté de la dot nous rencontrons le prix du *mundium* payé par le mari aux parents de la femme. Le père, ou, à son défaut, le plus proche parent mâle, cédait ainsi au mari la puissance qu'il avait sur la femme. Ce prix du *mundium* fut plus tard attribué, d'abord en partie, ensuite en totalité, à la femme elle-même ; il se confondit alors avec la dot, et fut compris sous l'expression générique de *dos.* Dans quelques-unes des sociétés barbares, la loi rendait la dot obligatoire et en fixait souvent elle-même le montant. Ainsi la loi des Ripuaires le fixait à 50 solidi sur les biens du mari, et au tiers des conquêts ; celle des Alemani, à 40 solidi. La loi lombarde de Luitprand fixait un maximum de 300 solidi, en permettant toutefois aux juges de le porter jusqu'à 400.

Nous trouvons encore, parmi les usages germaniques apportés par ces peuples dans les Gaules, une autre libéralité que le mari faisait à sa femme le matin qui suivait la première nuit des noces : c'est le *morgengabe,* qui était en quelque sorte le prix de sa virginité, *tanquam pretium delibatæ pudicitiæ.* Pour la veuve remariée, cette libéralité est remplacée par un don du soir, *abendgabe.* La contestation relative à la quotité de ce don était jugée sur l'affirmation de la femme *per pectus suum.* Mais bientôt on comprit le danger de cette institution, et on limita ce don à la moitié des biens du mari.

A côté de ces libéralités, nous en trouvons une autre faite par le mari à sa femme après le baiser des fiançailles, et appelée pour ce motif *osculum.*

Ces dons, qui transportaient à la femme la pleine

---

(1) *Germania,* n° 18.

propriété des objets ainsi donnés, comprenaient des troupeaux, de l'argent, des choses mobilières, et quelquefois, bien que rarement, des immeubles. Mais, sous l'empire des idées féodales, ils ne comprirent plus que l'usufruit quand on les appliqua aux immeubles; et comme le mari, en sa qualité de chef de la communauté, avait la jouissance des biens appartenant à sa femme, on ne fit commencer l'usufruit qu'à la dissolution du mariage, et on subordonna l'ouverture du droit de celle-ci à la condition de survie.

Telle est l'origine du douaire préfix ou conventionnel et coutumier, qui comprit ainsi l'ensemble de toutes les libéralités que nous venons de passer en revue.

Les lois barbares sont muettes sur tous les autres contrats entre mari et femme.

Ces usages cependant, au contact d'institutions d'origine gauloise, se fusionnèrent avec ces dernières, et prirent une extension de plus en plus grande. Nous trouvons dans les Gaules, à l'époque de leurs conquêtes par Jules César, un autre usage qui plus tard continua d'y subsister à côté du douaire. César dit dans ses Commentaires (*De bello gallico*, VI, 19): « Le mari réunit à la dot qu'il a » reçue de sa femme une somme égale à la valeur de » cette dot après estimation. Toutes ces valeurs, y com- » pris les revenus qu'on conserve, sont attribuées au » survivant des époux. » Quelques jurisconsultes ont cru trouver ici l'origine de la communauté. Mais l'attribution de toutes ces valeurs, faite, en vertu des usages, au survivant des époux, prouve jusqu'à l'évidence qu'il s'agit ici d'un gain de survie, d'une donation égale et mutuelle faite sous condition. Le mari n'a nullement sur ces valeurs les droits d'un chef de communauté; il ne peut aliéner ni le capital ni même les fruits. Il faut donc repousser la doctrine qui prétend trouver dans cette institution l'origine de la communauté.

Le don mutuel et le douaire ont été conservés par les coutumes, dont il nous reste à expliquer les dispositions en matière de contrats entre époux.

Pothier s'exprimait ainsi (1).: « Notre droit français a » été beaucoup plus attentif à prévenir tous les avan- » tages indirects que des conjoints par mariage pour- » raient se faire, par les différentes espèces de contrats » qui interviendraient entre eux pendant leur mariage, » par lesquels ils transporteraient l'un à l'autre quelque » chose de leurs biens. » Néanmoins les lois coutu- mières, composées de traditions et d'usages locaux, présentaient sur ce sujet la plus grande variété. Pothier les distingue en quatre classes : dans la première, il range les coutumes qui défendent entre mari et femme toutes donations entre-vifs ou testamentaires, à l'exception du don mutuel, permis dans certains cas et pour certains biens ; dans la deuxième, celles qui, tout en prohibant les donations entre-vifs, à l'exception du don mutuel, auto- risent les donations testamentaires de certains biens et dans certains cas ; la troisième comprend les coutumes qui autorisent les donations entre-vifs et testamentaires, mais en leur attribuant un caractère de révocabilité perpétuelle ; la quatrième, enfin, renferme celles qui permettent entre époux les donations entre-vifs simples, au moins en certains cas et sous certaines restrictions.

Au surplus, les donations entre époux devaient être assez rares dans un pays où la fortune des deux con- joints était, au moins en partie, confondue dans une communauté de biens.

C'est sous l'empire de ces idées que l'art. 280 de la coutume de Paris prohiba en général les dispositions en- tre mari et femme, et ne les leur permit que dans certains cas et sous certaines conditions rigoureusement déter-

_____

(1) Donations entre mari et femme, nᵒ 78.

minées par le législateur. L'art. 282 est encore plus formel ; en voici le texte : « Homme et femme conjoints
» ensemble par mariage, constant et durant ledit mariage,
» ne se peuvent avantager l'un l'autre par donation
» entre-vifs, par testament ou ordonnance de dernière
» volonté, ni autrement, directement ou obliquement, en
» quelque manière que ce soit, sinon par don mutuel. »
Commentant cet article, la plupart des auteurs y voient,
non pas une prohibition générale des contrats entre
époux, mais seulement une prohibition spéciale de ceux
qui auraient pour but ou pour effet d'avantager l'un des
conjoints. Ainsi Duplessis déclare nulles toutes pactions
ou stipulations faites entre époux durant le mariage, qui
porteraient avantage de l'un à l'autre, et, appelé à décider
la question de savoir si l'échange est permis entre époux,
il la résout affirmativement. Dumoulin, dont le commentaire peut, au premier abord, paraître formel pour interdire toute espèce de contrats entre époux, est obligé
de faire suivre sa proposition d'une restriction qui en
change complétement la portée : « Nullum ergo con-
» tractum, dit cet auteur sur l'art. 282 de la coutume de
» Paris, etiam reciprocum facere possunt, *nisi ex ne-*
» *cessitate.* » Le texte de Dumoulin est certainement
trop général, puisque nous venons de voir que la coutume de Paris autorisait entre mari et femme les donations mutuelles, qui sont des contrats par lesquels les
époux se transfèrent réciproquement la propriété de
certaines choses. Au surplus, la restriction que Dumoulin
lui-même apporte à la règle par ces mots : *nisi ex necessitate,* nous prouve que, sous l'empire de la coutume
de Paris, les époux pouvaient contracter entre eux, quand
il y avait nécessité. On laissait donc aux tribunaux le
soin d'apprécier s'il y avait eu réellement nécessité et
si, en conséquence, les époux avaient eu le droit de contracter entre eux. Il serait donc plus vrai de dire que les

contrats étaient permis entre époux ; mais, s'il résultait
des circonstances qu'ils avaient eu l'intention de s'a-
vantager et de dissimuler, sous l'apparence d'un contrat à titre onéreux , les donations qu'ils se faisaient,
le juge devait se montrer sévère et prononcer la nullité
du contrat.

La coutume de Nivernais avait également un texte relatif aux rapports contractuels entre mari et femme.
C'est l'article 27 du chapitre XXIII ; il est ainsi conçu :
« Gens mariés , constant leur mariage , ne peuvent
» contracter l'un au profit de l'autre, ni eux avantager
» par contrats entre-vifs, sinon par don mutuel, quand
» ils n'ont pas d'enfants... » Guy Coquille, commentant
cette disposition de la coutume de Nivernais, s'exprime
ainsi : « *Contracter ni eux avantager ;* il faut joindre
» les deux ensemble ; car les contrats entre-vifs simple-
» ment ne sont pas interdits aux mariés, mais seule-
» ment ceux qui contiennent avantage pour l'un ou
» pour l'autre, comme, *v. g.,* la vente d'un propre de
» la femme pour décharger un bien du mari ; celui-ci
» pourra contracter avec elle et lui délaisser héritage
» propre de lui, mais en récompense. » La coutume de
Nivernais avait donc été trop loin, ou plutôt ceux qui
l'interprètent dans le sens de la prohibition absolue des
contrats entre époux sont dans une erreur manifeste ;
les expressions employées par la coutume indiquaient
suffisamment à elles seules qu'on devait l'interpréter
ainsi que le faisait Coquille. En effet, la coutume disait :
contracter l'un *au profit* de l'autre, *ni eux avantager.* Le
rapprochement de ces deux membres de phrase, la con-
texture du premier, devaient immédiatement faire penser
qu'il ne s'agissait ici que de donations, et que les autres
contrats étaient valables entre époux, pourvu qu'ils ne
fussent pas faits de mauvaise foi et en fraude des dispositions de la loi sur les donations.

La coutume de Normandie , dans ses articles 440 et

411, paraît, au premier abord, prohiber formellement
toute espèce de contrats entre époux ; ces articles sont
ainsi conçus : « Art. 410. Gens mariés ne se peuvent céder,
» donner ou transporter l'un à l'autre pour quelque
» cause que ce soit, ni faire contrats ou confessions par
» lesquels les biens de l'un viennent à l'autre en tout ou
» en partie, directement ou indirectement.

» Art. 411. Toutefois le mari ayant aliéné l'héritage
» de sa femme, lui peut transporter du sien pour la ré-
» compense, pourvu que ce soit sans fraude ni dégui-
» sement, et que la valeur des héritages soit pareille,
» et qu'il apparaisse de l'aliénation du mari par acte
» authentique. »

Basnage, commentant ces articles, s'élève avec raison
contre les rigueurs de l'art. 410 ; il trouve la prohibition édictée par cet article trop générale et trop absolue, et ne peut s'empêcher de regretter la législation
romaine, qui permettait entre époux des donations révocables. Il soutient que la coutume s'est laissée entraîner trop loin, par le désir de conserver les biens dans
les familles. Il est cruel, selon cet auteur, de ne permettre entre époux aucune donation, même celles qui
revêtent le caractère de la réciprocité, et dont le seul
but est souvent de soustraire l'un des époux à la misère,
qui menace de l'atteindre à la dissolution du mariage.
Puis, commentant l'art. 411, il constate que l'art. 410
manque de précision et d'exactitude, que sa règle est
trop générale : « La coutume, dit-il, avait parlé trop
» généralement en l'article précédent (410), lorsqu'elle
» avait défendu aux gens mariés de faire aucuns contrats
» entre eux, par lesquels les biens de l'un vinssent à
» l'autre ; car l'on pouvait induire de cette disposition
» générale qu'un mari ne pouvait bailler de ses biens à
» sa femme pour le remploi de ses héritages qu'il aurait
» aliénés. »

La coutume du Bourbonnais renfermait également

une disposition à ce sujet; c'est l'article 226 du chapitre X, ainsi conçu : « Le mari, durant le mariage, ne peut » faire aucune association, donation ou autre contrat » avec sa femme. »

Ainsi nous trouvons, d'une part, le texte formel des coutumes, qui semble prohiber d'une manière générale toute espèce de contrats entre époux; d'autre part, l'unanimité des commentateurs, qui reconnaissent aux époux le droit de contracter ensemble, pourvu que leur but ne soit pas de dissimuler des donations. Coquille, dont nous avons déjà cité le Commentaire sur la coutume de Nivernais, est encore plus explicite dans ses questions et réponses sur les coutumes de France. A la question 137, il se demande si tous contrats ou donations sont interdits entre mari et femme. S'unissant sur ce point à Basnage, il loue la prudence de la législation romaine, qui avait autorisé de semblables contrats, et il permet entre époux les donations rémunératoires, qu'il considère comme une récompense raisonnable et non comme une véritable donation, et le remploi en biens communs ou en biens propres du mari des deniers provenant de l'aliénation de l'héritage de la femme.

Cottereau, sur la même question, s'exprime ainsi (1) : « M. Bernard, en ses notes, estime que la femme sépa- » rée ne peut donner son bien à rente foncière au » mari ou en faire un échange contre un bien du mari; » mais quel inconvénient y a-t-il si la rente se rapporte » au revenu, s'il y a égalité dans l'échange ? Il suffit que » par ces voies l'un ne soit pas avantagé au préjudice de » l'autre. »

Lebrun s'exprime d'une manière encore plus formelle, si c'est possible. « Il y a, dit-il (2), divers cas

(1) Le Droit commun de la France et le droit particulier à la Touraine et Loudunais, n° 8055.
(2) Traité de la communauté, n° 36.

» où la femme peut contracter avec son mari. Rien
» n'empêche que mari et femme séparés contractent l'un
» avec l'autre, pourvu qu'ils ne se donnent ni directe-
» ment ni indirectement. »

Ces principes étaient universellement reçus dans les
pays de coutume; chaque jour les parlements étaient
appelés à en faire l'application. S'appuyant sur cette jurisprudence universelle, Pothier déclare nulle la vente
faite à vil prix par le mari à sa femme, non pas comme
vente, mais parce qu'elle cache une donation déguisée (1).

En présence de ces solutions unanimes, nous croyons
pouvoir dire que les contrats entre époux étaient permis
sous l'empire des coutumes, pourvu qu'ils ne fussent pas
faits de mauvaise foi et en fraude des dispositions prohibitives de la loi sur les donations entre époux, ou en
fraude de la règle de l'immutabilité des conventions matrimoniales.

Mais il fallait que la loi eût une sanction; il fallait empêcher les fraudes à l'aide desquelles des époux pourraient dissimuler des avantages qu'ils se procureraient
indirectement. Nous venons de voir que, pour les donations dissimulées sous la forme d'un contrat à titre onéreux, les coutumes les annulaient avec la plus grande
sévérité. Mais, à côté de ce premier moyen de déguiser
des donations, il en existe un second : c'est l'emploi d'une
personne interposée. Bien que ces dernières donations ne
semblent pas s'adresser au conjoint du donateur, comme
cependant tel est leur but, nous croyons devoir les classer
ici parmi les contrats entre époux. De semblables donations sont déclarées nulles par les coutumes; mais il fallait
que les héritiers du donateur établissent l'interposition
de personne, soit par la preuve littérale, soit par la preuve
testimoniale, soit en déférant le serment au donataire

(1) Traité du contrat de vente, n° 39.

apparent sur la question de savoir s'il ne doit pas transmettre au conjoint survivant l'avantage qu'il a reçu.

Mais certaines coutumes allaient plus loin, et, voulant venir au secours des héritiers du donateur, elles avaient admis des présomptions d'interposition de personne. La coutume du Bourbonnais (art. 256) admet une présomption légale d'interposition contre toute personne dont l'époux, donataire véritable, bien que caché, est l'héritier présomptif. Il en est de même de la coutume d'Auvergne (1).

Cette décision rigoureuse ne doit pas être étendue aux coutumes qui, par leur silence, semblent la repousser. Cependant, même dans le ressort des coutumes qui sont muettes à ce sujet, on admet cette présomption d'interposition en ce qui concerne les donations faites par le disposant aux père et mère de celui qu'il veut gratifier, par un argument d'analogie tiré de l'édit des secondes noces de 1560. En défendant à la veuve remariée et qui a des enfants d'un premier lit de donner, en quelque façon que ce soit, à son mari au delà d'une part d'enfant, cet édit comprend formellement dans sa défense les libéralités adressées aux père et mère de ce dernier. Il en est de même pour les enfants du donataire, qui sont présumés personnes interposées.

Il y a une seule exception à ces règles. Dans le ressort de la coutume de Paris, on ne présumait pas que les enfants étaient des personnes interposées. C'est ce qui résulte de l'art. 283 de la coutume. Cet article permettait à tout époux qui n'avait d'enfants ni de son mariage actuel ni d'une précédente union, de donner aux enfants que son conjoint avait eus d'un autre lit. Évidemment une coutume qui ne voyait pas dans le lien qui unit un enfant à son père ou à sa mère des motifs suffisants pour pré-

---

(1) Chap. 14, art. 28.

sumer l'interposition, n'a pas pu fonder une semblable présomption sur le lien qui unit le père ou la mère à leur enfant.

Dans toutes les autres coutumes, cette présomption était admise ; mais elle cessait avec sa cause, et dès que la personne au profit de laquelle on présumait que la donation avait eu lieu était décédée, l'époux survivant pouvait donner ses biens, en n'obéissant qu'à sa seule volonté, soit aux enfants que son conjoint avait eus d'une précédente union, soit aux père et mère de ce conjoint.

Quant à ce qui regarde la capacité de la femme, on appliquait les règles admises en matière de contrats passés par elle. Ainsi, dans les pays de droit écrit, elle n'avait pas besoin de l'autorisation de son mari ; dans les pays de droit coutumier, au contraire, on suivait des règles toutes différentes. Dans l'intérêt de la femme, de la puissance maritale et de la famille, on exigeait, pour qu'elle fût capable de contracter, l'autorisation du mari.

De cet exposé historique il résulte que le législateur, dans la matière qui nous occupe, a de tout temps été préoccupé de la pensée qu'il fallait protéger les époux contre des entraînements excessifs. On a craint, en outre, de laisser trop de facilité à la fraude, et, en n'autorisant les donations entre époux que dans certains cas, on a cherché tous les moyens d'empêcher la dissimulation. Aussi, avant d'examiner la question de savoir si les contrats sont permis entre époux, et de rechercher, après l'examen de cette question générale, quand et comment certains contrats sont autorisés entre époux, devons-nous étudier avec soin les dispositions du Code civil relatives aux donations entre époux.

CHAPITRE PREMIER.

DES DONATIONS ENTRE ÉPOUX.

Le droit intermédiaire, dans la conviction qu'il fallait laisser à tous la plus grande latitude possible, même aux époux dans leurs rapports entre eux, leur accorda, par les art. 14 et 61 de la loi du 17 nivôse an II, tout pouvoir de s'avantager. Cette loi leur permettait les donations entre-vifs, et, par son silence, elle attachait à ces contrats le caractère d'irrévocabilité, qui est un des signes distinctifs de toutes les donations. C'est ce qu'a décidé la Cour de cassation par un arrêt du 29 janvier 1835 (1). Le motif qui avait guidé le législateur de l'an II est ainsi expliqué par un auteur qui avait assisté à l'élaboration des lois de cette époque (2) : « La plupart de nos statuts locaux
» faisaient cette injure à l'humanité, de supposer que le
» plus adroit ou le plus fort des époux était toujours
» prêt à dépouiller l'autre ; il ne leur était pas permis,
» dans la plupart de nos coutumes, de se gratifier du
» moindre don par testament ; et, par une bizarre con-
» tradiction, la loi, qui commandait de s'aimer à des
» personnes liées par des nœuds indissolubles, leur in-
» terdisait le témoignage le plus sûr et le plus précieux
» de l'attachement, les bienfaits..... La loi du 17 nivôse
» est venue affranchir de toutes entraves ce sentiment de
» bienveillance et d'estime réciproque, qui fait le charme
» d'un pareil état. Elle a ouvert une carrière de bienveil-
» lance sans bornes, même pendant le cours du ma-
» riage, aux époux qui n'ont pas d'enfants. »

(1) Dalloz, Répertoire, v° Dispositions entre-vifs, n° 599.
(2) M. Vermeil, Code des successions, cité par M. Devilleneuve, 41, 1, 305.

Les rédacteurs du Code civil, qui avaient vu la législation passer subitement d'une sévérité excessive à la liberté la plus extrême, comprirent, et par l'effet de l'expérience et aussi grâce à leur intelligence législative, les inconvénients du changement complet, brusquement inauguré par la loi du 17 nivôse an II. Mais ils avaient aussi vu les désavantages du système prohibitif des coutumes ; aussi firent-ils acte d'éclectisme, et les dispositions de notre Code civil qui s'occupent des donations entre époux portent-elles l'empreinte et du droit romain et de la législation révolutionnaire. Seulement, il a fallu concilier entre elles les nouvelles dispositions de la loi. Ainsi, dans le droit romain, les donations entre époux étaient inutiles *ab initio ;* mais elles devenaient valables si l'époux donateur venait à prédécéder sans les avoir révoquées. Chez nous, au contraire, la donation est valable *ab initio;* cependant elle est essentiellement révocable, caractère dont l'idée a été empruntée au droit romain ; elle transfère donc la propriété sous condition résolutoire. De même que, sous l'empire de la législation de l'an II, les époux qui ne laissent d'enfants ni d'un précédent mariage, ni du mariage actuel, jouissent d'une liberté très-étendue ; mais, contrairement à cette législation, ces donations sont, non plus irrévocables, mais essentiellement révocables.

Quel est donc au juste le caractère des donations entre époux ? Cette question est fort importante, parce que de sa solution dépend la détermination des règles que nous devrons leur appliquer. La donation de biens présents entre époux, bien que son caractère de révocabilité la rapproche des testaments, constitue bien réellement une donation entre-vifs. En effet, dès l'instant de sa perfection, elle est translative de propriété. Bien que cet effet n'ait lieu que sous une condition résolutoire, il n'en est pas moins vrai de dire que c'est une donation entre-vifs,

puisque le donateur transfère un droit actuel et ne dispose pas seulement pour le temps où il ne sera plus.
Il faut en dire autant du cas où la donation comprend
non-seulement des biens présents, mais encore des biens
à venir ; car la donation, étant un contrat, doit être soumise à toutes les règles des contrats , auxquelles une
disposition formelle du titre des donations n'a pas apporté une dérogation. Or, bien que le contrat ait pour
objet des choses futures, il ne revêt pas pour cela les caractères d'un testament : telles doivent être les donations
de biens à venir entre époux.

Ainsi nous leur appliquerons les règles générales des
donations entre-vifs, auxquelles un texte spécial ne vient
pas les soustraire. Elles ne pourront donc se faire que
par acte notarié, dont il restera minute ; une acceptation
expresse sera nécessaire , et on ne leur appliquera pas
la disposition de l'art. 1087, qui, édicté pour un cas particulier, doit être renfermé dans les limites de l'hypothèse
sur laquelle il statue. Un mineur même âgé de plus de
seize ans ne pourra pas faire de donations à son conjoint, bien qu'il puisse tester en sa faveur ; car les art. 903
et 1095 C. C., qui le déclarent capable de faire des donations par contrat de mariage, n'étendent pas sa capacité aux donations faites pendant le cours du mariage.
Elles ne seront réductibles qu'après les legs et à leur
date ; enfin, quand il s'agira de biens présents, elles seront soumises aux formalités de l'état estimatif pour les
meubles, de la transcription pour les immeubles. Cet
état estimatif permettra au donateur, dans le cas de révocation, de recouvrer tous les meubles dont il avait dis-
posé. La transcription, inutile vis-à-vis des tiers acquéreurs, puisque l'aliénation renfermerait, ainsi que nous
le verrons plus tard, une révocation tacite ; inutile également vis-à-vis des créanciers ayant hypothèque sur
l'immeuble donné , puisqu'ils conserveraient toujours

le droit de le faire vendre, serait fort utile vis-à-vis des créanciers qui, postérieurement à la donation, pourraient acquérir une hypothèque sans le consentement du donateur, *v. g.* une hypothèque judiciaire.

La loi laisse aux époux toute latitude pour se faire telles libéralités qu'ils jugeront convenables : biens présents, biens à venir, bien présents et à venir, ils peuvent tout se donner. Néanmoins le législateur a consacré quelques restrictions à ce droit absolu, en ce qui concerne la quotité disponible, qu'il règle d'une manière différente, suivant que l'époux donateur est marié pour la première fois ou est déjà veuf, suivant qu'il a ou non des enfants soit de l'un, soit de l'autre mariage. Cette matière si grave de la quotité disponible entre époux ne rentre pas dans le cadre que nous nous sommes tracé ; du reste, son importance comporterait un travail spécial, et nous ne pourrions que l'effleurer en passant.

La liberté des donations entre époux est d'ordre public, et il ne serait pas permis à ceux-ci de renoncer, même par leur contrat de mariage, à ce droit que la loi a établi en leur faveur. Cette clause de renonciation n'aurait, en effet, été consentie au profit d'aucune personne dénommée au contrat, et qui puisse venir en réclamer l'exécution. Ce n'est, en outre, qu'une simple abnégation de la faculté de disposer, qu'on ne saurait ranger dans la classe des conventions obligatoires. Du reste, on ne peut valablement stipuler que pour soi et dans son propre intérêt ; la clause dont nous nous occupons est, au contraire, essentiellement préjudiciable à la liberté et à l'intérêt des époux. Enfin nous croyons utile de remarquer que les art. 791 et 1130 C. C. prohibent toute convention sur les successions futures, même du consentement de celui de la succession duquel il s'agit ; que l'art. 1082, seule dérogation au principe prohibitif des art. 791 et 1130, ne permet de disposer d'une succes-

sion future que par contrat de mariage, et seulement
en faveur des futurs époux et des enfants à naître du
mariage. Tout au contraire, la clause, dont nous examinons la légalité, ne profite qu'aux héritiers des conjoints, auxquels les contractants font en quelque sorte
une promesse de succession future. Nous croyons donc
qu'une telle clause est nulle. Si, dans l'ancien droit, Pothier la déclarait valable, c'est d'abord qu'on regardait le
contrat de mariage comme une convention intervenue,
non pas entre les futurs époux, mais entre leurs familles
respectives , lesquelles avaient intérêt à faire consentir
cette clause, pour empêcher les biens de passer d'une famille dans l'autre ; c'est, en second lieu, qu'on déclarait
valable la clause de propre à côté et à ligne, c'est-à-dire
la convention par laquelle l'un des conjoints stipulait que
son mobilier serait propre à son côté et ligne, à l'effet
d'empêcher l'autre époux survivant d'y succéder à leurs
enfants communs, et que, dans ce cas, comme dans l'hypothèse qui nous occupe, les époux n'étaient dirigés que
par la pensée de conserver les biens dans leur famille.
Or l'art. 1389 C. C. déclare nulle la clause de propre à
côté et ligne : l'argument d'analogie tiré par Pothier de
la validité de cette clause n'existe donc plus ; nous devons donc décider que la convention par laquelle les
époux s'interdiraient le droit de se faire des libéralités
est nulle et ne doit produire aucun effet.

La donation entre époux est-elle caduque par le prédécès du donataire ? Écartons d'abord l'hypothèse où il
s'agirait de donations cumulatives de biens présents et
à venir, ou seulement de biens à venir. Les art. 1089 et
1093 C. C. les déclarent caduques par le prédécès du
donataire, quand elles ont été faites aux époux par des
tiers, ou par les époux l'un à l'autre dans leur contrat de
mariage. Remarquons que, dans les hypothèses des articles 1089 et 1093, il s'agit de donations irrévocables ; et ce-

pendant le législateur les déclare caduques par le prédécès du donataire; ne doit-il pas, *à fortiori*, en être de même pour une hypothèse traitée plus défavorablement par le législateur, pour le cas où elles sont essentiellement révocables ?

Il ne nous reste donc plus à nous occuper que de l'hypothèse d'une donation de biens présents, et nous avons à examiner si elle est caduque par le prédécès du donataire. Cette question très-délicate a divisé les auteurs. Les uns ont soutenu qu'une telle donation ne devait pas être caduque par le prédécès du donataire. En effet, il a été saisi dès l'instant où la donation a été parfaite; du moment de la donation il y a eu translation de propriété, et l'on ne peut pas venir déclarer caduques des donations entre-vifs, alors que le législateur n'a pas inséré dans la loi une disposition expresse à ce sujet. La donation, il est vrai, revêt ici un caractère personnel; elle semble ne s'adresser qu'à la personne du conjoint prédécédé. Si le donateur n'a voulu gratifier que la personne de son conjoint, ne jouit-il pas du droit de révocation que la loi lui accorde jusqu'à son propre décès, et, s'il n'en use pas, ne devons-nous pas écarter le caractère de personnelle qu'on veut attribuer à cette donation ?

Nous croyons cependant que telle n'a pas été la pensée du législateur. Autrefois, en effet, la donation entre époux, prohibée dans les pays de coutume, n'était admise, dans les pays de droit écrit, que sous la condition de survie du donataire. Le législateur, qui, au moment de la rédaction de l'art. 1096, devait nécessairement avoir présentes à l'esprit les règles suivies dans les pays de droit écrit, n'a pas eu l'intention d'y déroger, autrement il s'en serait expliqué soit par un texte formel, soit dans les travaux préparatoires. Cependant les procès-verbaux des séances du conseil d'État sont muets à ce sujet. Cet argument puise une nouvelle force dans l'historique de

la rédaction de l'art. 1092 C. C. Cet article décide que
la donation de biens présents faite entre époux par contrat de mariage n'est pas présumée faite sous la condition de survie du donataire. C'est là une conséquence
du caractère de donation entre-vifs que nous avons déjà
reconnu à la donation entre époux : les coutumes admet-
taient également cette solution. Pourquoi, cependant, le
législateur a-t-il cru devoir s'en exprimer formellement?
C'est que, dans les pays de droit écrit, on suivait des principes différents. Ainsi le Code a cru devoir s'expliquer sur
une question qu'il avait résolue d'une manière beaucoup
plus rationnelle que les législateurs des pays de droit
écrit. Mais si le législateur a cru devoir dire formellement
qu'il rejetait la condition de survie dans un cas pour lequel les coutumes l'écartaient déjà, et où il s'agissait
d'une donation irrévocable, comment a-t-il pu ne pas
décider expressément notre question? Est-il rationnel
d'admettre qu'ici le silence du législateur signifie qu'il
rejette la condition de survie exigée par l'ancien droit,
alors surtout qu'il s'agit de donations révocables, comme
des dispositions testamentaires? Une explication claire
et précise n'était-elle pas plus nécessaire à ce sujet dans
l'art. 1096 que dans l'art. 1092? Le contraste qui existe
entre ces deux articles ne doit-il pas nous faire décider,
par un *à fortiori*, que viennent corroborer les circonstances de la rédaction de nos articles, que le législateur
a entendu maintenir la condition de survie exigée autrefois? Tels sont les motifs qui nous font penser que
toutes les donations entre époux sont caduques par le
prédécès du donataire.

Il nous reste, après avoir examiné sous quelles conditions les donations entre époux sont permises, quels
sont les effets qu'elles produisent, à étudier avec soin le
caractère essentiel de ces libéralités, caractère qui les
rapproche des dispositions testamentaires. Nous voulons

parler de leur révocabilité. Le législateur, voulant entourer l'époux donateur de toutes les garanties possibles, voulant lui permettre de revenir sur un acte, qui peut-être lui a été arraché au moyen d'obsessions continuelles, lui accorde jusqu'à son décès le droit de révoquer les libéralités dont il a gratifié son conjoint. Cette sauvegarde paraît au législateur tellement importante, qu'il en fait un de ces principes d'ordre public et social auxquels nulle convention ne pourra déroger ; bien plus, il a voulu protéger d'une manière toute spéciale l'époux le plus faible, et il a décidé que la femme pourrait révoquer les donations qu'elle aurait faites à son mari, sans avoir besoin d'autorisation.

Cherchant à déterminer la nature du droit de révocation accordé au donateur, on a pensé que l'exercice de cette faculté n'est pas purement potestatif, ainsi qu'il l'est pour les dispositions testamentaires (1). On soutient que le droit de révocation a été accordé au donateur pour le mettre à l'abri de la captation ou de l'ingratitude du donataire, ou même pour le protéger contre son propre entraînement. D'après ce système, la loi fait au donateur un devoir de conscience de ne révoquer sa libéralité que pour des motifs sérieux ; seulement, comme il y aurait des inconvénients fort graves à imposer à l'époux donateur l'obligation d'agir en révocation devant les tribunaux, le législateur le fait seul juge de l'importance des motifs qui peuvent lui conseiller la révocation de sa donation.

Nous ne croyons pas pouvoir nous ranger à cette opinion. Le législateur n'a jamais demandé des motifs sérieux de la part de l'époux donateur qui révoque sa libéralité ; il ne lui en demande pas même au point de vue moral. Du reste, la contradiction qui existerait, dans ce

(1) *Revue critique* 1851, t. 1, p. 481 et suiv.

système, entre le fait et le droit, suffirait à elle seule pour démontrer que telle n'a pas été la pensée du législateur. L'auteur, qui le premier a présenté cette théorie nouvelle, est lui-même forcé de reconnaître qu'en fait la révocation pourra avoir lieu sans motifs sérieux, puisque le législateur n'en demande nullement compte. Est-il probable, est-il admissible que les rédacteurs de notre Code, qui ont avant tout cherché à faire respecter la loi, aient édicté une disposition telle que notre art. 1096, en se fondant sur un principe dont l'art. 1096 est en quelque sorte la négation? Aussi croyons-nous devoir nous rattacher à la doctrine presque unanimement suivie, et décider, en conséquence, que les donations entre époux sont révocables *ad nutum*, par le seul effet de la volonté de l'époux donateur, et sans qu'il ait besoin de motifs sérieux pour baser sa révocation. Cette mesure sévère pourra, il est vrai, être exercée pour ingratitude ou pour inexécution des charges, de même que dans le cas d'une donation ordinaire ; mais l'époux donateur n'aura pas besoin de recourir aux tribunaux pour faire prononcer la révocation ; il suffira qu'il manifeste une intention formelle à cet égard.

La révocation peut être expresse ou tacite : expresse, elle devra se manifester, non plus, comme en droit romain, par des marques évidentes de repentir, mais revêtir l'une des formes énumérées dans l'art. 1035 C. C. A la vérité, notre art. 1096 ne prononce pas de renvoi à l'art. 1035 ; mais ce renvoi, qui est dans la nature des choses, a été reconnu par la loi du 2 juin 1843. L'art. 2 de cette loi classe les révocations de donations, aussi bien que les révocations de testaments, au nombre des actes qui devront, à peine de nullité, être reçus en la présence réelle du notaire en second ou des deux témoins. Cette disposition prouve que les donations sont révocables par les mêmes actes que les testaments, puisque le législateur les met sur la même ligne. Nous devons donc leur appliquer les règles de l'art. 1035. Les donations entre époux seront donc révoquées par un testament ou par un acte devant notaires portant déclaration de changement de volonté.

La révocation, avons-nous dit, peut être tacite ; elle résultera alors d'un fait, d'un acte juridique accompli par le donateur, acte qui entraînera comme conséquence la volonté de révoquer la donation, parce qu'il sera inconciliable, en tout ou en partie, avec le maintien de la libéralité. Ainsi la disposition sera révoquée par un acte de donation postérieur, par l'aliénation du bien donné. La constitution d'hypothèque consentie par le donateur sur l'immeuble donné n'entraînera pas la révocation de la donation ; seulement on appliquera ici par analogie la disposition de l'art. 1020 C. C., et l'époux donataire pourra être exproprié par le créancier hypothécaire, sauf son recours contre les héritiers de son donateur.

Cette faculté de révocation est personnelle à l'époux donateur ; c'est un de ces droits attachés exclusivement à la personne, que les créanciers ne peuvent pas exercer, aux termes de l'art. 1166 C. C.

Dans le cas où le donateur révoque tacitement la donation qu'il avait faite à son conjoint, a-t-il une action directe contre les tiers qui ont acquis du donataire les biens donnés? S'il s'agit de donations mobilières, les tiers sont protégés par l'art. 2279 C. C., et l'époux qui révoque sa donation ne peut exercer aucun recours contre eux ; mais, s'il s'agit d'immeubles, nous croyons que le donateur pourra agir en revendication contre les tiers détenteurs. Nous pensons, en effet, que l'art. 958 C. C. n'est pas applicable à la matière qui nous occupe. Cet article déclare que la révocation pour ingratitude ne préjudicie pas à l'aliénation consentie par le donataire. Mais il y a une grande différence entre la révocation pour ingratitude et célle que nous examinons en ce moment. L'époux donataire, en effet, n'avait acquis qu'un droit résoluble, et il ne pouvait transmettre aux tiers acquéreurs qu'un droit éminemment résoluble. Les acquéreurs n'ont pas pu ignorer la nature du droit qui leur était transmis, puisque l'acte de donation a été rendu public par la transcription ; ils avaient donc à redouter une révocation *ad nutum*. Il en est tout autrement dans le cas de révocation pour ingratitude. La donation étant irrévocable, le donataire transmettait à l'acquéreur un droit définitif; ce dernier ne pouvait pas penser que le donataire se mettrait dans le cas d'être déclaré ingrat par la loi et les tribunaux. La différence des positions justifie pleinement, suivant nous, les solutions diverses que doivent recevoir ces deux hypothèses.

Tel est le système de la loi sur les donations entre époux. Il nous paraît contraire à la dignité des conjoints, que le législateur déclare incapables de se protéger eux-mêmes et entoure de précautions excessives. Ne vaudrait-il pas mieux ne permettre aux époux que des donations de biens présents, revêtant le caractère de donations ordinaires, et des dispositions testamentaires? L'intérêt privé n'est-il pas la meilleure garantie contre les erreurs de l'affection? Les testaments, qui permettront aux époux de se faire des libéralités pour le temps où le disposant ne sera plus, ne répondent-ils pas à tous les besoins ? C'est ainsi qu'on ferait disparaître cette présomption de captation que la loi a en quelque sorte écrite en tête des dispositions qui nous occupent. Le législateur cherche, dans l'intérêt du crédit, tous les moyens de ne pas laisser la propriété incertaine ; est-ce que tel n'est pas le résultat de ces donations révocables ? C'est ainsi diminuer la valeur des immeubles que les époux se sont donnés l'un à l'autre, et affaiblir leur crédit. Il faut, en outre, protéger les tiers qui ont contracté avec l'un des époux, et ne plus laisser planer sur leur tête la menace d'une résolution de leur contrat par suite de la révocation de la donation.

Contrairement aux dispositions du droit coutumier, le législateur de notre Code civil a prohibé les donations mutuelles faites par un seul et même acte. C'est là une conséquence du caractère de révocabilité qu'il a imprimé aux donations entre époux. En effet, les difficultés auxquelles donnaient lieu les testaments conjonctifs en avaient fait prononcer la nullité par l'art. 77 de l'ordonnance de 1735. Lorsque les deux époux se font par un seul et même acte une donation mutuelle et réciproque, il est fort probable que la libéralité consentie par l'un a pour cause déterminante la disposition faite à son profit par son conjoint. Il y a entre les époux convention, arrangement d'idées, combinaison de volontés. Si donc l'un d'eux révoque par un acte occulte, *v. g.* par un testament, la libéralité qu'il a consentie, quel devra être le sort de la disposition faite à son profit par son conjoint? Si l'on décide que l'un ne pourra révoquer sa libéralité sans s'être entendu avec l'autre, ce sera rendre inutile le droit de révocation consacré par l'art. 1096.; si l'on décide, au contraire, que chacun pourra opérer la révocation comme bon lui semblera, ce sera ouvrir la porte à la fraude, à la violation de la foi promise. En présence des difficultés que soulève la donation faite par un seul et même acte, le législateur a employé le seul moyen efficace qu'il eût à sa disposition : il en a prononcé la nullité.

Mais la fraude pouvait encore trouver moyen d'échapper à la prohibition de la loi; aussi le législateur l'a-t-il poursuivie dans les actes qui servent ordinairement de manteau pour la dissimuler. On emploie à cet effet les donations indirectes, les donations déguisées et celles faites à personnes interposées. Voici la disposition de la loi relative à ces actes :

« Art. 1099. Les époux ne pourront se donner indirec-
» tement au delà de ce qui leur est permis par les dis-
» positions ci-dessus.

» Toute donation ou déguisée ou faite à personnes in-
» terposées sera nulle. »

La loi distingue ici avec soin les donations indirectes
des donations déguisées sous l'apparence d'un contrat
à titre onéreux ou faites à personnes interposées. Les
rédacteurs du Code civil ont emprunté cette distinction
à Pothier, qui, dans le chapitre second de son Traité des
donations entre mari et femme, s'exprime ainsi (1) :
« Nous distinguerons quatre espèces d'avantages indi-
» rects. La première espèce est celle des contrats qui in-
» terviennent entre mari et femme pendant le mariage,
» lesquels, sans être des donations formelles, renfer-
» ment ou sont suspects de renfermer quelque avantage
» que l'un des conjoints fait à l'autre.

» La seconde comprend tous les faits qui renferment
» quelque avantage que l'un des conjoints fait à l'autre
» pendant le mariage.

» La troisième espèce d'avantages indirects est de ceux
» qui se font par personnes interposées ;

» La quatrième, des avantages que l'un des conjoints
» fait à un enfant que l'un des conjoints a d'un précé-
» dent mariage. »

Les donations indirectes sont donc celles qui, faites
autrement que par un acte solennel de donation, s'an-
noncent cependant comme des libéralités. Nous citerons
comme exemples, avec Pothier, l'acte par lequel le mari
reconnaît avoir reçu de sa femme plus qu'il n'a effective-
ment reçu, la suppression d'un titre de créance, la remise d'une somme d'argent ou d'effets mobiliers de la

---

(1) Première partie, chapitre second : Des avantages indirects défendus entre mari et femme.

main à la main, la renonciation à une succession, quand l'autre conjoint est héritier soit au même degré, soit au degré subséquent, et qu'il se trouve ainsi appelé à recueillir seul l'hérédité, les avantages qui résultent des conventions matrimoniales. Mais, dans tous ces cas, nous ne rencontrons ni l'emploi d'un acte à titre onéreux, ni l'interposition de personnes. Si, au contraire, on a eu recours à l'un de ces deux moyens, il y aura donation déguisée ou faite à personnes interposées, bien que l'on puisse dire plus généralement que ce sont là des donations indirectes. Du reste, ce qui prouve combien cette distinction repose sur des bases sérieuses, c'est que, s'il est vrai de dire que les donations déguisées ou faites à personnes interposées sont des donations indirectes, on ne peut pas dire avec la même vérité que les donations indirectes soient des donations déguisées ou faites à personnes interposées.

Maintenant que nous avons établi la distinction entre les donations déguisées ou faites à personnes interposées et les donations indirectes, voyons de quelle manière elles sont traitées par le législateur. L'art. 1099 C. C., dont nous avons rapporté plus haut le texte, décide que les donations indirectes sont seulement réductibles à la quotité disponible. Puisque les époux ont franchement reconnu qu'ils avaient fait une donation indirecte, le législateur ne devait pas se montrer trop sévère; il prend l'acte comme les époux eux-mêmes; seulement, comme il ne devait pas permettre d'éluder par ce moyen les dispositions de la loi sur la quotité disponible, il réduit ces libéralités à cette partie de la succession du donateur.

A l'égard des donations déguisées ou faites à personnes interposées, le § 2 de l'art. 1099 tient un tout autre langage; il les déclare nulles. Cette disposition a soulevé les plus graves controverses, et trois systèmes se trouvent aujourd'hui en présence.

Dans un premier système, on prétend que ces donations sont seulement, comme les donations indirectes, sujettes à la réduction. Il n'existait, sous l'empire de l'édit des secondes noces, aucune différence entre les donations indirectes et celles dont nous nous occupons ; toutes étaient seulement réductibles ; et pour établir entre ces deux sortes de libéralités la différence qu'on prétend déduire de l'art. 1099 C. C., il faudrait un texte plus formel et plus explicite. La seconde partie de cet article doit s'interpréter par la première et dans le même sens que l'art. 911 C C. Ce dernier article dit aussi que « toute disposition au profit d'un incapable sera *nulle*, » soit qu'on la déguise sous la forme d'un contrat à titre » onéreux, soit qu'on la dissimule au moyen d'une inter- » position de personnes. » Malgré ce texte, la jurisprudence et les auteurs décident que, dans ce cas, la libéralité sera valable dans la limite de la capacité de la personne partiellement incapable. L'art. 1099 doit s'entendre de la même façon. Du reste, ces libéralités constituent des avantages indirects ; on a seulement changé de moyens pour les faire parvenir à la personne du donataire. Pourquoi ce qui est permis serait-il vicié par ce qui est défendu ? Lorsque la donation est faite à une personne présumée interposée, on suppose qu'elle s'adresse indirectement à l'époux ; or celui-ci est capable ; la donation doit donc être maintenue pour tout ce qui n'excède pas la quotité disponible. L'époux pouvait faire *directement* donation à son conjoint ; pourquoi ne pourrait-il pas également le faire indirectement ? La loi n'a voulu que garantir la réserve ; une fois cet intérêt sauvegardé, pourquoi se montrer d'une sévérité excessive envers un acte parfaitement loyal ?

Dans un second système, auquel nous croyons devoir nous rattacher, les donations déguisées ou faites à per-

7

sonnes interposées sont radicalement nulles. En effet, il faut, autant que possible, interpréter la loi suivant la raison et dans le sens qui rend le mieux compte de ses dispositions ; il ne faut pas admettre facilement dans la loi des expressions inutiles. C'est pourtant la conséquence directe du premier système. En effet, le législateur parle, dans l'art. 1099, d'une part, des donations déguisées et faites à personnes interposées, d'autre part, des donations indirectes ; il déclare les premières nulles et les secondes seulement réductibles. Et malgré la distinction faite par la loi, malgré la différence des termes qu'elle emploie, le premier système ne tend à rien moins qu'à annuler la partie de l'article relative aux donations déguisées, en prétendant qu'il faut lui donner le même sens qu'au premier paragraphe. Pourquoi le législateur aurait-il, dans un même article, écrit la même règle dans deux alinéas successifs, en employant des termes tout à fait différents? Du reste, quand le législateur déclare que certaines dispositions sont réductibles à la quotité disponible, il n'emploie jamais les expressions *nulle, annuler*. C'est ainsi que, dans les articles 920-930, 1496, 1517, 1595 et tant d'autres, les rédacteurs de nos lois emploient toujours les expressions *retrancher* ou *réduire*.

Quant à l'argument que le premier système prétend tirer de l'interprétation donnée par la jurisprudence et les auteurs à l'art. 911, il n'a aucune valeur. En effet, cet article déclare nulle la libéralité déguisée faite à un incapable, mais en tant seulement qu'elle s'adresse à un incapable. Or il y a des degrés dans l'incapacité, et l'art. 911 n'annule les donations que dans les limites de l'incapacité du donataire. Mais il n'en est pas de même de l'art. 1099. Cet article prononce entre époux la nullité des donations déguisées ou faites à personnes interposées, non pas en tant qu'elles s'adressent à un inca-

pable, mais en tant qu'elles s'adressent à l'époux. Or il n'y
a pas de degrés dans la qualité d'époux ; les donations
déguisées devront donc être nulles pour le tout.

La confusion que les partisans du premier système
veulent établir entre les donations déguisées et les donations indirectes ne peut pas servir davantage à fonder
leur système, puisque nous avons vu que cette distinction
repose sur des bases sérieuses. Quand, par exemple, une
femme séparée de biens et ayant, en conséquence, la libre
jouissance de ses revenus, reçoit de son mari, de la main
à la main, une somme d'argent qu'elle déclarera être le
fruit de ses économies et qu'elle placera comme telle, où
est la simulation d'un acte onéreux, où est l'interposition
de personnes ? Quand les clauses du contrat de mariage
procurent un avantage à la femme, quand, marié sous le
régime de la communauté, le mari recueille des successions mobilières, qui, tombant dans la communauté, sont
pour la femme la source d'un avantage excessif, comment dire qu'il y a simulation ? Toutes ces hypothèses
ne rentrent pas dans le second alinéa de l'art. 1099 ; c'est
le cas d'appliquer le § 1 de cet article, et ces donations
seront seulement réductibles à la quotité disponible.
C'est la solution que le législateur a expressément consacrée dans les art. 1496 et 1527 C. C.

Enfin, c'est en vain que le premier système va chercher un argument dans l'art. 843 C. C. Cet article doit
embrasser, selon nos adversaires, toutes les libéralités
possibles, puisque la loi oblige l'héritier à rapporter à la
succession tout ce qu'il a reçu du défunt directement ou
indirectement; dès lors ces mots renferment non-seulement les donations indirectes proprement dites, mais
encore les donations déguisées, et le législateur a dû
leur attacher le même sens dans l'art. 1099. A cette argumentation nous avons plusieurs réponses à faire.
D'abord il n'est rien moins que certain que l'art. 843

soumette les donations déguisées à l'obligation du rapport; nous croyons, tout au contraire, qu'elles en sont virtuellement dispensées, sans qu'on ait besoin, comme le fait la jurisprudence, de recourir à des faits extérieurs, pour y chercher la preuve de la dispense de rapport. Ainsi on ne peut pas argumenter de cet article pour renverser notre distinction entre les donations déguisées et les donations indirectes. En outre, même en admettant que l'art. 843 soumette à l'obligation du rapport aussi bien les donations déguisées que toutes les autres donations indirectes, il n'en résulte nullement que le législateur ait voulu attacher le même sens aux mots *donations indirectes* de l'art. 1099. Tout au contraire, le texte même de cet article nous prouve d'une façon irrésistible que le législateur a ici distingué avec soin les donations indirectes des donations déguisées.

Remarquons, au surplus, que le §1 de l'art. 1099 était inutile. Puisque les articles précédents avaient déterminé la quotité disponible entre époux, il était évident que, même en employant une voie détournée, les époux ne devaient pas pouvoir enlever aux héritiers réservataires une partie de leur réserve. Si le Code s'en explique une seconde fois ici, c'est pour montrer d'une manière plus ostensible la différence qu'il établit entre les donations indirectes et les donations déguisées.

Enfin, si l'on déclare les donations simulées entre époux seulement réductibles, on s'habituera à frauder la loi, tandis que, si on les annule, on s'abstiendra d'actes qui deviennent le plus souvent la cause de dissensions dans le sein des familles.

En dernier lieu, nous ferons observer que l'art. 1099 est la sanction de l'art. 1096. En effet, en employant la forme de contrats onéreux ou l'interposition des personnes, les époux ont voulu le plus souvent se soustraire à la révocabilité ou aux règles relatives à la quotité disponible, quelquefois aux deux. Le législateur, conséquent avec lui-même, se montre beaucoup plus sévère à l'égard de ces contrats frauduleux, et, dans tous les cas, il en prononce la nullité radicale.

C'est en se basant sur cette dernière idée que la Cour de cassation a introduit un troisième système, qui, tout en admettant la nullité en principe, fait cependant une distinction : ou les époux ont voulu se soustraire à la règle de la révocabilité de la donation, et alors l'acte qu'ils ont accompli doit être annulé comme contraire à l'art. 1096 ; ou ils ont voulu seulement se donner plus qu'ils ne pouvaient, et alors, si la donation ne dépasse pas ce dont le donateur pouvait disposer, on la maintiendra ; mais si les époux se sont par ce moyen fait des donations excessives, la Cour de cassation en prononce la nullité radicale. Dans ce système, on prétend que l'article 1099 n'a pour but que de protéger la réserve, qu'il n'applique pas la nullité aux donations déguisées ou faites à personnes interposées, quand elles n'ont pour but que de rendre irrévocables les libéralités qu'elles renferment. Il est vrai que, dans ce cas, ces donations doivent être annulées ; mais ce résultat est une conséquence, non pas de l'art. 1099, mais bien de l'art. 1096, parce qu'elles constituent une contravention à la règle de la révocabilité posée par cet article. Cette doctrine, ainsi qu'on peut le voir par son simple énoncé, a des conséquences très-singulières. Toutes les donations déguisées qui ont lieu entre époux, même celles qui n'excèdent pas la quotité disponible, seront tenues en suspens ; elles ne seront pas réductibles ; mais, si elles excèdent la quotité disponible, elles seront nulles pour le tout. Il arrivera ainsi qu'une libéralité frauduleuse dans le principe et excédant la quotité disponible se trouvera valable, parce que, à l'époque du décès du donateur, elle sera égale ou inférieure à la quotité disponible, et, réciproquement, qu'une libéralité minime pourra, au décès du disposant, se trouver excessive, et devra être annulée comme frauduleuse. Mais si la loi a voulu seulement atteindre l'excès, si elle n'a voulu que sauvegarder la réserve, elle devait prononcer la réduction pour toutes les donations, et s'arrêter là. C'est cependant ce qu'elle n'a pas cru pouvoir faire. En outre, on ne comprend pas, dans le système de la Cour de cassation, comment on arrive à déclarer illégale une donation qui, si elle n'excédait pas la quotité disponible, serait parfaitement valable.

Mais que de difficultés accumulées pour faire sortir ce système des textes de la loi ! Alors qu'il est de principe que les nullités ne se suppléent pas, et qu'il faut une disposition expresse pour les prononcer, on tire celle des donations, dont nous nous occupons, de l'art. 1096, muet à ce sujet. Puis, comme cet article ne parle que des donations entre époux, et que les donations à personnes interposées ne sont pas, à moins de preuves d'interposition, présumées faites entre époux, on a recours à l'art. 1100, et on le rapproche de l'art. 1096, alors que tous les commentateurs sont d'accord pour ne pas séparer les art. 1099 et 1100 et pour déclarer qu'ils sont intimement liés ensemble. En outre, dans ce système, on va jusqu'à dénaturer l'art. 1099, et jusqu'à décider que ces expressions : *toutes donations*, signifient : toutes donations *qui excéderont la quotité disponible*. Enfin, dans ce système, on est réduit à accuser le législateur d'inconséquence. Qu'il annule les donations déguisées sous la forme d'un contrat à titre onéreux, rien de plus naturel, car ces donations emportent avec elles une idée de fraude ; c'est un moyen pour le donateur de diminuer la masse de ses biens et de frustrer ainsi ses héritiers réservataires. Mais, dans les donations faites à des personnes interposées, il n'y a pas de fraude, car les biens sur lesquels la réserve doit se calculer restent intacts ; il n'y a pas de préjudice, car la réduction aura toujours lieu. Pourquoi le législateur s'est-il donc montré si sévère pour les donations à personnes interposées ? Enfin pourquoi, dans l'art. 1100, va-t-il jusqu'à dire que l'annulation devra être prononcée, même au cas où l'époux, auquel la loi présume que la donation doit revenir, serait décédé avant le donataire interposé ? On ne peut réellement pas, dans ce système, expliquer la sévérité de la loi.

Pour donner un sens raisonnable à cette disposition, il faut donc décider que l'art. 1099 est la sanction des art. 1094, 1096, 1098, et que la nullité doit atteindre les donations déguisées ou faites à personnes interposées, qu'elles excèdent ou non la quotité disponible. Dans certains cas, la disposition de la loi pourra paraître bien sévère ; mais le Code, se montrant bien plus favorable aux donations entre époux que les législations qui l'ont précédé, a dû chercher, autant que possible, à prévenir les abus que ses nouvelles dispositions pourraient faire naître. Dans ce cas, n'est-ce pas ici le lieu de dire : *Dura lex, sed lex?*

CHAPITRE II.

DE LA LÉGALITÉ ET DES EFFETS DES AUTRES CONTRATS ENTRE ÉPOUX.

La question que nous abordons dans ce chapitre est l'une des plus délicates et des plus controversées du Code civil. Nous avons vu comment, sous l'empire des coutumes, on la résolvait en faveur de la validité des contrats, et nous avons montré comment les commentateurs expliquaient le texte des coutumes pour arriver à ce résultat. Du reste, si, sous l'empire des coutumes, cette question était le résultat de la prohibition dont étaient frappées les donations entre époux, elle prend aujourd'hui naissance à cause de cette tutelle que nous signalions en parlant de ces donations, et dont le législateur a cru devoir entourer des personnes capables. La loi craint de voir éluder ses dispositions, et elle se trouve dans la nécessité d'interdire d'utiles contrats à des personnes dont le seul but doit être d'obtenir par des efforts communs la prospérité de leur famille; contrats d'autant plus avantageux que l'on ne serait obligé ni d'y admettre un tiers, ni de confier à sa discrétion le soin de ne pas dévoiler la gêne accidentelle d'une famille d'honnêtes travailleurs.

Mais n'anticipons pas sur les réflexions que pourra nous suggérer l'examen de chacun des contrats que nous aurons à passer en revue, et posons-nous d'abord la question qui, seule, fera l'objet de ce chapitre, et qui consiste à savoir si les contrats entre époux sont permis ou défendus, sous l'empire de notre Code civil.

Dans un premier système on soutient que les contrats entre époux sont sévèrement prohibés par notre législation, et qu'il n'y a de permis que ceux autorisés par un texte spécial de loi. A l'appui de ce système, on fait d'abord remarquer que ce serait mettre la femme à la discrétion de son mari. Celui-ci, par des obsessions journalières, pourra amener sa femme à consentir des contrats entièrement défavorables à cette dernière. Où la femme puisera-t-elle la force de volonté, l'énergie nécessaire pour résister aux demandes incessantes de son mari? Et alors si, comme beaucoup d'auteurs partisans du système de la validité des contrats entre époux l'admettent, si, dis-je, l'on va jusqu'à décider que la femme n'a pas besoin de l'autorisation de justice pour contracter avec son mari, dans quels abus ne tombera-t-on pas? Le mari, avide de faire consentir par sa femme un contrat

avantageux pour lui, chargé de l'autoriser! Ces deux conséquences, ou l'une d'elles seulement, ne suffisent-elles
pas pour faire décider que les contrats doivent être sévèrement interdits entre époux?

Aussi, le législateur du Code civil a-t-il parfaitement
compris que, vu la position exceptionnelle des époux, il
fallait leur interdire toute espèce de contrats. Ainsi,
l'art. 1595 déclare que le contrat de vente ne peut avoir
lieu entre époux que dans les trois cas énumérés limitativement par cet article. Les motifs qui ont guidé le
législateur quand il rédigeait l'art. 1595 existent pour tous
les autres contrats; si le législateur n'a parlé que de la vente,
c'est que la vente est le contrat le plus ordinaire, c'est
que la vente est en quelque sorte le type de tous les
contrats ; c'est enfin que la vente est un contrat du droit
naturel, à tel point que, alors même qu'un texte prohibitif existerait pour tous les autres contrats, la nature
de la vente permettrait de douter si l'on doit la prohiber entre époux.

Deux raisons ont dicté l'art. 1595 ; c'est Portalis lui-
même qui l'a dit; nous allons les passer en revue, pour
prouver qu'elles existent également pour tous les autres
contrats, et qu'on doit également les prohiber entre
époux. D'une part, Portalis disait : « Il répugne que l'on
» puisse être à la fois juge et partie; *nemo potest esse*
» *auctor in rem suam*. Or, quand on autorise, on est
» juge, et on est partie quand on traite. On peut, comme
» partie, chercher son bien propre et particulier ; comme
» autorisant, on ne doit travailler qu'au bien d'autrui. »
Cette considération, vraie pour la vente, ne l'est-elle pas
également pour tous les autres contrats ? le mari n'y
jouera-t-il pas également ces deux rôles incompatibles?
Aussi, parmi les partisans du système qui permet les
contrats entre époux, s'en trouve-t-il un bon nombre qui
veulent que ce soit la justice, et non le mari, qui autorise

la femme pour qu'elle puisse contracter avec son mari.
C'est que, dans tout contrat, il faut un consentement, il
faut l'union de deux volontés ; mais, ici, que trouvons-
nous ? le mari ayant seul une volonté, l'imposant à sa
femme par de continuelles obsessions et l'autorisant à la
réaliser. Est-ce que la liberté, l'indépendance, nécessaires pour un contrat, se rencontrent ici des deux côtés ?
Évidemment non : la lutte d'intérêts entre mari et femme
n'est pas possible. Le législateur veut que l'union la plus
intime règne entre eux ; il n'a pas pu vouloir permettre des contrats qui amèneraient la lutte entre eux, et,
comme conséquence, la désunion la plus déplorable.

Portalis ajoutait : « Entre personnes si intimement
» unies, il serait bien à craindre que la vente ne masquât
» presque toujours une donation. » Ce second motif est
également vrai pour les autres contrats qui peuvent
avoir lieu entre époux ; puisque c'est pour cette cause que
le législateur a prohibé le contrat de vente entre époux,
il faut, *à fortiori*, prohiber les autres contrats. Est-ce que
l'échange, l'emphytéose, le contrat de rente perpétuelle
ou viagère, la transaction, le désistement, ne sont pas
beaucoup plus dangereux que la vente, qui, au fond, est
un acte assez simple, et dans lequel on découvrirait facilement les éléments de fraude qui peuvent s'y glisser ?
Est-ce qu'il n'est pas souvent fort difficile d'apprécier le
caractère d'une transaction, d'un désistement ? Alors
les époux emploieront ces formes pour dissimuler des
avantages irrévocables ou excessifs qu'ils se feront, et le
juge, ne pouvant découvrir quel est le fond même de
l'acte et voir que ce n'est qu'une donation, sera forcé de
le déclarer valable ; et voilà le législateur, après avoir
décidé, dans les art. 1096 et 1099, que les époux ne
pourront pas se faire des donations excessives ou irrévocables, travaillant lui-même à détruire cet édifice de
répression qu'il avait élevé avec tant de peines ! Non, cela

n'est pas possible ; le législateur du Code civil a prohibé
tous les contrats entre époux, et il faut un texte formel
pour que les époux puissent contracter ensemble. Ainsi
on permettra entre époux la donation, la vente ou plutôt
la dation en payement dans les trois cas énumérés par
l'art. 1595, le rétablissement de la communauté (art. 1451)
et le mandat (art. 1577).

Si l'on vient objecter à ce système qu'il rejette, à la dissolution de la communauté, le règlement d'intérêts fort
graves, qui seraient beaucoup mieux réglés par le mari et
la femme que par leurs héritiers, ses partisans répondent
qu'il n'y a pas péril en la demeure, que la prescription
ne court pas entre époux pendant le mariage, et que les
héritiers de la femme n'étant pas, comme celle-ci, sous
l'influence du mari, pourront bien plus facilement arriver
à un règlement équitable des intérêts communs et liti-
gieux qui peuvent exister entre les époux.

Voilà de sérieux motifs donnés à l'appui de cette opinion.
Voyons comment on y a répondu de la part des partisans
de la validité des contrats entre époux. La doctrine que
nous venons d'exposer n'exagère-t-elle pas l'incapacité de
la femme dans ses rapports avec son mari ? S'il est vrai
de dire qu'ils doivent former une union très-intime, il
n'en est pas moins certain que, malgré cette union, il
subsiste deux personnes distinctes, qui ont chacune des
intérêts séparés, de même que leurs biens ne sont pas
tous confondus. La femme, en effet, peut plaider contre
son mari ; elle peut, de l'aveu même des défenseurs de
ce premier système, contracter avec son mari dans certains cas. Si les considérations invoquées dans ce premier système sont vraies et doivent entraîner la décision
de notre question, elles devraient avoir la même valeur
en ce qui regarde la vente, la donation et tous les autres
contrats, que les partisans du premier système sont
obligés de reconnaître autorisés entre époux. Pourquoi

s'arrêter à cette limite, que le législateur ne pourrait avoir établie que par son silence ? Pourquoi interdire des contrats qui ont l'analogie la plus grande avec ceux que la loi autorise ? Pourquoi ne pas permettre les contrats, même ceux qui sont les plus nécessaires et le plus utiles, alors que l'ancienne jurisprudence elle-même croyait autoriser, malgré le texte formel des coutumes, les contrats entre époux, à cause de l'immense utilité qu'ils présentaient ? Pourquoi outrer la sévérité du législateur, et, lorsque les dispositions du Code sont plus douces que celles des coutumes, pourquoi user de plus de rigueur que sous l'empire de ces dernières ? Pourquoi ne pas laisser la femme apprécier elle-même où se trouve l'intérêt de sa famille, et décider ainsi si elle doit contracter avec son mari ou avec un tiers ? La femme est, par exemple, propriétaire d'une maison ou d'un domaine rural qui lui sont propres ; elle veut les affermer. N'y aura-t-il pas, dans certaines circonstances, pour la femme, pour le mari, pour la famille tout entière, un intérêt immense à ce que le mari soit le locataire ou le fermier de sa femme ? De quel droit viendrait-on interdire aux époux des contrats qui leur seraient inspirés par les considérations les plus justes et par l'intérêt bien entendu de la famille ? Le bail est, du reste, aux yeux du législateur, un acte bien moins grave que la vente ; pourquoi ne pas le permettre, alors que la vente est permise aux époux dans certains cas ? Ainsi le tuteur, qui ne peut jamais acheter les biens de son pupille, peut, sous certaines conditions, les prendre à bail (art. 450). Si le bien appartient à la femme, elle ne dispose alors que de ses revenus ; elle les emploie à leur destination, qui est d'être dépensés en commun pour le bien de la famille. Et le prêt à intérêt, pourquoi ne pas l'autoriser ? Alors que le mari peut si facilement détourner à son profit les capitaux de la femme, et que le législateur se voit dans la nécessité de prendre contre lui certaines précautions (art. 1450 C. C.), qui fort souvent seront pleinement inefficaces, pourquoi ne pas permettre à ces époux d'unir leurs volontés et de former loyalement un contrat de prêt ? et si cette théorie présente certains inconvénients, certains désavantages, ne doit-on pas tenir compte de l'intérêt de la famille, qui sera dans ces sortes de contrats le guide commun du mari et de la femme, et prendre aussi en considération l'intérêt des époux ?

Cependant, malgré ces considérations importantes, qui peuvent avoir tant d'influence sur un débat législatif, nous hésiterions à décider que les contrats entre époux doivent être permis, si nous ne trouvions dans le Code la preuve évidente que le législateur a voulu autoriser de semblables contrats.

D'après le droit commun, aux termes de l'art. 1123, « toute personne peut contracter, si elle n'en est pas » déclarée incapable par la loi ; » et cet article, par la généralité de ses expressions, s'applique aussi bien à la femme qu'à toute autre personne : or aucune loi ne déclare la femme incapable de contracter avec son mari ; donc les contrats qu'elle passera avec lui seront parfaitement valables. Mais il y a mieux : au lieu de trouver des textes qui déclarent la femme incapable de contracter avec son mari, nous en rencontrons un certain nombre qui consacrent sa capacité. L'art. 217 pose comme règle générale que la femme ne peut contracter sans le concours de son mari dans l'acte, ou son consentement par écrit. Mais, cet article n'établissant aucune distinction, il en résulte que la femme, une fois autorisée légalement, peut contracter avec qui que ce soit, même avec son mari. Aussi un grand nombre d'articles du Code civil font-ils l'application de notre règle. Les art. 1096, 1097 consacrent la capacité des époux de se faire mutuellement des donations entre-vifs ; l'art. 1435 reconnaît à la femme le droit d'accepter, pendant le mariage, le remploi que son mari a fait du prix d'un de ses immeubles aliénés; l'art. 1451 permet aux époux de rétablir la communauté dissoute par la séparation de biens principale ou accessoire; l'art. 1577 permet à la femme de donner mandat à son mari d'administrer ses biens paraphernaux; l'art. 1595 permet la vente entre époux dans certains cas.

Quels que soient les dangers que pourrait offrir dans la pratique la doctrine à laquelle nous avons cru devoir nous rattacher, ce ne serait pas un motif pour ne pas l'accepter, du moment qu'elle est la plus conforme à la loi et à la volonté du législateur. Mais que deviennent ces dangers, quand on voit le législateur tenir compte lui-même des considérations si graves présentées à l'appui du premier système?

Les contrats qui ont paru au rédacteur de nos lois offrir le plus de dangers, il les a prohibés, il les a frappés d'une nullité radicale; c'est ainsi qu'il a interdit aux époux toute dérogation à leurs conventions matrimoniales, la vente, à l'exception de trois cas que nous aurons à étudier.

Quant aux actes que le législateur croyait utile d'autoriser entre époux, et qui cependant présentaient des dangers sérieux, il les a permis, mais en les entourant de garanties spéciales, quelquefois même en changeant leur nature. C'est ainsi que nous avons vu la loi déclarer les donations entre époux essentiellement révocables; c'est ainsi que la restriction à l'hypothèque légale est entourée, par les art. 2144, 2145 C. C., de certaines conditions de forme destinées à garantir les intérêts de la femme.

La loi ayant fait elle-même la part aux objections présentées par le premier système, il nous semble contraire à toutes les règles de la justice et de l'équité de vouloir outrer ses dispositions, dérogeant ainsi à cette maxime éternellement vraie : *Odiosa sunt restringenda*.

Les contrats entre époux sont donc permis, mais sous quatre conditions rigoureuses :

1° Il faut que le contrat ne constitue pas une donation déguisée, que les époux auraient voulu, au moyen de la forme d'un acte à titre onéreux, soustraire à la règle de la révocabilité des donations écrite dans l'article 1096, ou aux règles relatives à la quotité disponible. Nous avons vu que, dans ce cas, l'art. 1099 prononce la nullité absolue de l'acte simulé.

2° Il faut que le contrat ne constitue pas un acte frauduleux, destiné à préjudicier aux créanciers personnels de l'un ou de l'autre époux, et à leur ravir ainsi une partie de leur gage ; car alors ils pourraient recourir à l'art. 1167 et attaquer l'acte comme fait de mauvaise foi, en fraude de leurs droits.

3° Il faut que le contrat ne constitue pas une dérogation aux conventions matrimoniales. Nous aurons à examiner, sur différents contrats, s'ils ne constituent pas une dérogation aux conventions matrimoniales.

4° Enfin il faut que le contrat ne constitue pas une vente, sauf les trois cas formellement exceptés par l'article 1595. Nous déterminerons le sens de cette exception en étudiant l'art. 1595.

On présente bien sur notre question un autre système qui cherche à concilier les garanties nécessaires à la femme avec l'intérêt de la famille. Il consiste : 1° à défendre, par voie d'analogie, les contrats que la loi a cru devoir frapper d'une prohibition formelle : ainsi on prohiberait l'échange, parce qu'il présente beaucoup d'analogie avec la vente, que l'art. 1595 ne permet pas entre époux ; et de même pour tout contrat renfermant une aliénation perpétuelle soit de droits mobiliers, soit de droits immobiliers, comme la constitution de rente perpétuelle ou viagère, la transaction ; et 2º d'un autre côté, on autoriserait les contrats qui présentent beaucoup d'analogie avec ceux qu'un texte formel de loi permet aux époux de faire : ainsi on permettrait tous les contrats relatifs à l'administration et à la jouissance des biens de la femme, parce que ces actes ne peuvent pas gravement compromettre ses intérêts. M. Duranton propose cette doctrine : « Excepté, dit-il, les cas dans lesquels la loi, par une » disposition spéciale, permet le contrat de vente entre » époux, et *peut-être quelques autres encore où la bonne* » *foi ne. saurait être révoquée en doute*, on doit tenir » pour certain que, lorsque l'affaire se passe uniquement » entre le mari et la femme, celle-ci n'est pas valablement » autorisée, si elle ne l'est pas par la justice. » Cette doctrine présenterait l'avantage de ne pas poser de règle absolue dans une matière aussi délicate que les contrats entre époux, et de laisser un large pouvoir d'appréciation aux juges. Elle se rapprocherait de la doctrine que présentait, sous l'ancienne jurisprudence, Dumoulin, quand il disait : « *Nullum contractum etiam reciprocum* » *facere possunt*, NISI EX NECESSITATE. » Mais le vague qu'elle laisse planer sur notre matière, les questions délicates qu'elle soulève, et qui seront appréciées différemment par chaque tribunal, et pour chacune desquelles on serait obligé, dans l'intérêt de la fixité de la doctrine et de la jurisprudence, de recourir à une solution législative, nous la font repousser. Du reste, n'est-ce pas agir arbitrairement que de décider que les contrats d'aliénation seront interdits par analogie avec ce que le législateur a décidé pour la vente, alors que la loi autorise ce dernier contrat dans trois hypothèses spéciales ?

Il nous reste maintenant , pour en avoir terminé avec la partie générale des contrats entre époux, à rechercher quels effets ces contrats doivent produire. Nous ne nous occuperons plus ici du cas où, sous l'apparence d'un contrat à titre onéreux, les époux ont voulu dissimuler des avantages qu'ils se faisaient, et qui échappaient ainsi à la règle de la révocabilité. Nous avons traité cette matière en nous occupant de l'art. 1099, et nous croyons avoir démontré que ces contrats seraient frappés d'une nullité radicale.

Ici nous ne nous trouvons plus en présence que d'actes sincères : les époux ont entendu faire un contrat onéreux, ils l'ont fait; reste la question de savoir quel sera le sort de ce contrat. Deux hypothèses peuvent se présenter : ou il s'agit d'un contrat permis en droit, ou un tel contrat a été rigoureusement défendu entre mari et femme. Dans le premier cas, le contrat devra produire ses effets ordinaires, les mêmes effets qu'il produirait entre d'autres parties contractantes. Car les rapports intimes qui existent journellement entre mari et femme doivent être une raison de plus pour que le contrat soit exécuté dans toutes ses parties, dans tous ses détails. Si la bonne foi doit exister entre les contractants, c'est surtout lorsqu'ils ont en quelque sorte un intérêt commun, le bonheur de la famille, et qu'ils doivent tendre vers ce but par des efforts d'autant plus efficaces que les époux seront plus unis.

Nous arrivons ainsi à la seconde hypothèse, et nous avons à nous demander quel est le sort des contrats passés par les époux au mépris des prohibitions de la loi?

M. Toullier prétend que des actes de cette nature devront être regardés comme donation déguisée, et que, comme tels, ils devront être soumis aux règles de l'article 1096. Suivant cet auteur, c'est l'art. 1096 qui doit dominer toute cette matière et servir de règle pour déterminer les solutions qu'on doit suivre. Mais, pour admettre ce système, il faut d'abord être convaincu que les donations déguisées sont, non pas complétement nulles, mais seulement réductibles. Or, quand nous avons expliqué

8

l'art. 1099, nous croyons avoir démontré d'une manière irréfutable que les donations déguisées entre époux étaient radicalement nulles : nous ne pouvons donc admettre le système de M. Toullier. Du reste, une simple considération suffit pour renverser la théorie présentée par cet auteur. Pour décider que les actes à titre onéreux passés entre époux dans les cas prohibés par la loi doivent être soumis à l'art. 1096, il faut admettre *à priori* qu'il y a toujours intention de donner, présomption toute gratuite, qui ne s'appuie sur aucune base sérieuse, et qui, dans beaucoup de circonstances, se trouvera en désaccord complet avec la vérité. Le point de départ de ce système démontre donc qu'il ne repose sur rien de sérieux. Aussi des auteurs ont-ils cru qu'on devait résoudre la question par une distinction. Ils veulent qu'on recherche d'abord si les parties ont eu ou non l'intention de faire une libéralité. Si les parties ont voulu se faire une donation, ils partagent l'opinion de Toullier et la déclarent réductible ; tandis que nous déciderons qu'elle sera nulle, parce qu'elle constituera une donation déguisée ; si, au contraire, les époux ont réellement eu pour but l'acte à titre onéreux qu'ils ont accompli et dont nous recherchons les effets, ils reconnaissent qu'un tel acte doit être annulé. Ce système a pour conséquence de laisser aux tribunaux un pouvoir appréciateur souverain pour décider la question de savoir si les époux ont, oui ou non, entendu se faire une donation.

Il nous semble que ce système, même ainsi modifié, n'est pas admissible, et nous croyons devoir décider avec la jurisprudence que l'acte à titre onéreux passé entre époux dans les cas prohibés par la loi doit être annulé. De quelque manière qu'on l'envisage, cet acte devra être déclaré nul ; le considère-t-on sous la forme qu'il affiche, *ut sonat*, il est nul, parce que nous supposons qu'il s'agit précisément d'un contrat prohibé entre époux ; toutefois il est non pas nul d'une nullité radicale, mais seulement annulable, et les époux contractants, de même que leurs ayants cause, pourront en faire prononcer la nullité par les tribunaux, qui n'auront pas le droit de la refuser, du moment qu'il sera clairement démontré qu'il s'agit d'un contrat prohibé entre époux.

Si, au contraire, nous déchirons le voile; si, sous l'apparence d'un contrat à titre onéreux, d'une vente par exemple, nous trouvons une donation, l'acte sera deux fois nul. Il sera nul comme donation déguisée, aux termes de l'art. 1099; il sera nul, ainsi que nous venons de le voir, si on le prend avec le nom et la forme que les parties lui ont donnés. Mais si l'on décide que les donations déguisées entre époux sont seulement réductibles, alors on se trouve en présence d'un acte d'une nature mixte : donation, quant au fond, acte à titre onéreux, vente. *v. g.*, quant à la forme. Pour que l'acte soit valable, il faudra donc qu'il soit revêtu des formalités nécessaires pour la validité de ces deux sortes d'actes; il faudra, en conséquence, que les parties contractantes jouissent du double droit de donner et de vendre. Or, c'est ce qui n'a pas lieu, puisque l'on suppose un cas où les parties n'avaient pas le droit de vendre. Pour résumer notre argumentation, nous dirons : l'acte est nul comme donation, puisqu'il n'en a pas la forme; l'acte est nul comme contrat à titre onéreux, puisqu'on suppose le cas où un semblable contrat est proscrit entre époux.

Ce système, conforme à la raison et à la sage interprétation de la loi, offre précisément l'avantage de couper court à tous les procès qu'aurait pu susciter la question de savoir si les époux avaient fait un contrat sincère, ou si ce n'était pas seulement un acte simulé ou frauduleux.

Nous avons dit que les époux ou leurs ayants cause devraient, dans ce cas, demander la nullité d'un pareil acte. Mais cette nullité repose sur un défaut de capacité des parties : on agira donc par l'action en nullité ou en rescision, qui sera prescrite par un délai de dix ans, à partir de la dissolution du mariage, conformément aux art. 1304 et 2253 combinés.

CHAPITRE III.

DE LA VENTE ET DE L'ÉCHANGE ENTRE ÉPOUX.

Comme, d'un côté, la vente est un contrat de bonne foi dont la conclusion est assez facile, et à l'ombre duquel on ne peut que trop souvent dissimuler des actes que la loi a sévèrement prohibés ; comme, de l'autre côté, le législateur a craint la fraude de la part des époux ; comme il a redouté que, de la part de personnes si intimement unies par les liens de l'affection la plus tendre, le contrat de vente fût souvent employé pour échapper à la sévérité des dispositions de la loi sur les donations, il a cru devoir, en règle générale, l'interdire entre époux. La formule de l'art. 1595, dans sa précision, est bien expressive : « Le contrat de vente ne peut avoir lieu entre époux que dans les trois cas suivants. » La règle générale, c'est que la vente est prohibée entre époux ; nous verrons même, en expliquant cet article 1595, que les trois cas d'exception qu'il édicte à sa règle générale ne sont pas de véritables ventes, mais seulement des dations en payement.

L'art. 1595 est en effet ainsi conçu :

« Le contrat de vente ne peut avoir lieu entre époux » que dans les trois cas suivants :

» 1º Celui où l'un des époux cède des biens à l'autre, » séparé judiciairement d'avec lui, en payement de ses » droits.

» 2º Celui où la cession que le mari fait à sa femme,
» même non séparée, a une cause légitime, telle que le
» remploi de ses immeubles aliénés, ou de deniers à
» elle appartenant, si ces immeubles ou deniers ne tom-
» bent pas en communauté;

» 3º Celui où la femme cède des biens à son mari en
» payement d'une somme qu'elle lui aurait promise en
» dot, et lorsqu'il y a exclusion de communauté;

» Sauf dans ces trois cas, les droits des héritiers des
» parties contractantes, s'il y a avantage indirect. »

La dation en payement, dérogation au principe posé
par l'art. 1243, et en vertu duquel le créancier ne peut
être contraint de recevoir une chose autre que celle qui
lui est due, a pour caractère essentiel de supposer une
obligation préexistante qu'elle vient éteindre. C'est ce qui
prouve que les trois cas de l'art. 1595 permettent, non pas
la vente, mais la dation en payement, puisqu'ils sup-
posent une obligation préexistante. Dans les trois hypothèses prévues par notre article, il faut en effet : 1º une
dette exigible; 2º antérieure à la cession; 3º que cette
cession soit un moyen de libération. C'est donc véritablement une dation en payement qu'autorise notre
art. 1595.

Il y a intérêt à distinguer ces deux contrats. En effet,
deux différences existent entre la vente et la dation en
payement : 1º la vente transfère la propriété et fait naître
entre les parties certaines obligations que le législateur
a déterminées dans un nombre d'articles assez considé-
rable ; la dation en payement, qui doit également trans-
férer la propriété, a pour but, tout au contraire, non pas
de créer des obligations, mais d'éteindre celles qui existent
entre les parties. De ce caractère il résulte que le vendeur, contre lequel s'interprètent les clauses obscures du
contrat de vente (art. 1602), sera ici le débiteur, en faveur
duquel on devra interpréter la convention (art. 1162).

2º S'il y a eu payement de l'indû par une dation en

payement, on réclamera la chose elle-même ; si, au contraire, il y a eu vente, et qu'on en ait compensé le prix avec la dette qu'on croyait exister entre l'acheteur et le vendeur, celui-ci pourra réclamer, non pas la chose, mais seulement le prix qu'il a indûment compensé.

Examinons les trois exceptions à la règle que la dation en payement ne peut, pas plus que la vente, avoir lieu entre époux.

Le premier cas d'exception est celui où l'un des époux, après une séparation de biens judiciaire, cède des biens à son conjoint pour le payer de ce dont la liquidation l'a constitué débiteur à son égard. Peu importe le régime que les époux avaient primitivement adopté dans leur contrat de mariage ; la seule condition exigée par la loi, c'est qu'il y ait eu un jugement prononçant la séparation de biens. Une semblable dation en payement peut avoir lieu tout aussi bien de la part de la femme que de la part du mari : la loi les met sur la même ligne.

Le second cas d'exception est celui où la cession faite par le mari à sa femme a une cause reconnue légitime. Remarquons que cette exception est particulière au mari ; le législateur paraît craindre que, s'il autorisait, dans les mêmes circonstances, la vente par la femme au profit du mari, celui-ci n'usât de l'influence qu'il peut avoir sur elle pour se faire consentir une vente à un prix de beaucoup inférieur à la valeur réelle de l'objet aliéné.

Il faut, dans ce cas, une cause légitime à l'aliénation ; la loi cité comme exemple le remploi des immeubles propres de la femme ou de meubles à elle appartenant, et qui ne tomberaient pas dans la communauté. Mais l'énumération que fait le législateur n'est pas limitative ; seulement on ne peut étendre la disposition du second paragraphe de l'art. 1595 qu'à des cas analogues aux exemples par lui cités, ainsi que cela résulte des termes mêmes qu'il emploie : il dit, en effet, que, dans ces cas, l'aliénation doit avoir une cause légitime *telle que*, c'est-à-dire semblable ou analogue au remploi du prix des propres aliénés. Si cette explication, qui repose sur la saine interprétation des expressions employées par le législateur, avait besoin d'une confirmation , nous la trouverions dans un passage de l'exposé des motifs qui peut également nous servir à confirmer ce que nous disions en commençant l'explication de l'art. 1595, à savoir qu'il ne s'agit ici que de la dation en payement. Portalis disait, dans la partie de l'exposé des motifs relative à notre article : « Le projet de loi reconnaît pourtant qu'il est » des circonstances dans lesquelles il est permis entre » époux de vendre et d'acheter. Ces circonstances sont » celles où le contrat est fondé sur une juste cause, et » où il a moins le caractère d'une vente proprement dite » que celui d'un payement forcé ou d'un acte d'admi-- » nistration. » Interprétant dans le même sens l'arti- cle 1595, le tribun Grenier, qui portait la parole devant le corps législatif au nom du tribunat, s'exprime ainsi, après avoir énuméré les cas d'exception qui se trou- vent dans l'art. 1595 : « Comme ces créances sont légi- » times et exigibles, il serait injuste d'empêcher une » libération par la voie de la vente. Il serait dur pour » des époux de vendre leurs biens à des étrangers pour » se faire respectivement raison de leurs droits, et de » se priver de la douceur de les conserver pour eux et » pour leurs enfants, quel que soit celui d'eux sur lequel » la propriété réside. » Ainsi il faut une dette anté- rieure à la cession et exigible ; et l'on devrait décider que la vente consentie par un mari à sa femme est nulle, quand elle a pour but de remplir la femme d'une créance sérieuse, mais qui ne sera déterminée ou exigible qu'après un certain temps, *v. g.* la créance résultant de son apport dotal, dont le montant ne peut être réclamé qu'à la liquidation de la société conjugale. Au contraire,

la vente consentie par le mari à sa femme aurait une cause
légitime dans le sens de l'art. 1595, quand elle a lieu dans
le but de remplir la femme du prix de ses paraphernaux
aliénés , alors même que le mari ne fût pas obligé au
remploi en vertu du contrat de mariage.

Le troisième et dernier cas d'exception de l'art. 1595
est celui où la femme cède des biens à son mari en
payement d'une somme ou créance qu'elle se serait constituée en dot, et alors qu'il y a exclusion de communauté
entre eux.

La femme peut, en effet, se constituer en dot soit une
certaine somme, soit une créance sur un tiers, et notre
article s'applique également à ces deux hypothèses. En
effet, la rédaction primitive de notre article ne s'appliquait qu'au cas où la femme se serait constitué en dot
une créance sur un tiers, et voudrait la remplacer par un
autre bien qui lui appartînt. Mais on comprit bientôt
que le même intérêt se présentait dans le cas où la femme
se serait constitué une somme d'argent, sans dire d'où
elle entendait la tirer ; c'est alors qu'on a eu recours à
la formule générale que nous trouvons dans notre article, et qu'aux expressions : *créances sur un tiers*, que
renfermait la rédaction primitive, on a substitué celles-
ci : *une somme qu'elle aurait promise en dot.*

La loi nous dit que cette exception ne s'applique que
lorsqu'il y a exclusion de communauté. Un auteur a prétendu qu'il ne s'appliquait qu'au cas de régime dotal, et
voici comment il argumentait. Le cas de communauté,
suivant lui, n'a pu être exclu que parce que, sous ce régime,
le mari a la jouissance de tous les biens de sa femme ; on
doit aussi, d'après ce système, exclure l'hypothèse où les
époux sont mariés sous le régime de l'exclusion de communauté, parce que, sous ce régime, le mari a la jouissance des biens de sa femme. Enfin, comme, sous le régime de la séparation de biens, il est très-rare que la

femme apporte une dot , il en résulte que notre article n'est applicable qu'au cas où les époux sont mariés sous le régime dotal. Mais cette interprétation de la loi doit être écartée ; n'est-il pas impossible que le législateur se soit servi, dans les travaux préparatoires, des expressions: *exclusion de communauté*, pour signifier régime dotal? Le législateur n'eût-il pas plutôt employé simplement les expressions : *régime dotal* (et il aurait bien fait), si son intention était de n'appliquer notre exception qu'au cas de régime dotal? Mais il y a mieux : n'est-il pas impossible que le législateur ait précisément employé ces expressions : *lorsqu'il y a exclusion de communauté,* pour écarter non-seulement le régime de la séparation de biens, mais encore le régime de l'exclusion de communauté lui-même? Voilà une première raison qui nous empêche de nous rallier au système présenté par Delvincourt. Mais il y en a une autre ; cet auteur suppose que le législateur s'est occupé précisément ici d'une question de jouissance. Mais il n'en est pas du tout ainsi : le législateur s'occupe d'une question de translation de propriété, de dation en payement. Le mari, en effet, n'a-t-il pas intérêt, même sous le régime exclusif de communauté, et, à plus forte raison, sous le régime de la séparation de biens, à recevoir le payement d'une somme d'argent dont il aura, pendant tout le cours du mariage, la libre et entière disposition, sauf à la rendre lors de sa dissolution? Et si, dans ce cas, la femme ne peut pas payer la somme par elle promise, n'est-il pas juste de lui permettre de livrer un immeuble en payement, au lieu de la contraindre à le vendre à un tiers pour en verser le prix entre les mains de son mari ? La loi devait, au contraire, écarter le cas de communauté, parce que, sous ce régime, remplacer des valeurs peut-être irrecouvrables qui tombent en communauté par un immeuble qui ne doit pas y tomber, c'est faire en quelque sorte une donation, c'est diminuer gratuitement les propres de la femme au profit de la communauté. La disposition de notre article s'applique donc à tous les régimes matrimoniaux, sauf celui de communauté.

Remarquons, en terminant, que si le premier cas d'exception est commun aux deux époux, le deuxième est propre au mari, et que le troisième est particulier à la femme. Ainsi on ne pourrait pas appliquer ce cas au mari.

Mais si la femme est débitrice de son mari pour causes antérieures au mariage, peut-elle lui faire une dation en payement?

M. Regnaud (de St-Jean-d'Angély) demanda précisément, dans le sein du conseil d'Etat, que l'art. 1595 fût rédigé de manière à ce que la vente fût autorisée dans ce cas. Il fit remarquer qu'alors il y avait une cause légitime, et que, la dette étant antérieure au mariage, on était certain qu'elle existait bien réellement. En conséquence, on retrancha le n° 3 de l'art. 1595, et on rédigea ainsi le n° 1 : « Celui où l'un des époux cède à l'autre des biens en payement de ses droits. » Puis, quand on présenta le projet au tribunat, il se trouva qu'on avait maintenu l'ancienne rédaction de l'article. Comment est-on arrivé à modifier le projet de loi ainsi adopté par le conseil d'Etat ? C'est ce qu'il est impossible de déterminer, puisqu'il n'existe aucune trace de cette modification dans les procès-verbaux de cette assemblée. L'hypothèse présentée par M. Regnaud est bien une des plus intéressantes ; l'équité, l'observation présentée au conseil d'Etat nous invitent à décider que, dans ce cas, la vente devrait être permise entre époux. Cependant, en examinant avec soin notre hypothèse et en la comparant à la disposition de notre article 1595, nous voyons qu'elle ne rentre dans aucun des trois cas d'exception énumérés dans notre article, et qu'en conséquence on doit interdire, dans ce cas, la vente, conformément à la règle générale écrite en tête de notre art. 1595. En effet, on ne suppose pas le cas de séparation judiciaire, comme le veut le 1º de notre article ; ce n'est pas le mari qui fait la cession, comme le veut le 2º ; enfin c'est une dette antérieure au mariage, et il ne s'agit pas d'une somme promise en dot, comme l'exige le 3º. Le texte de notre article ne nous permet donc pas de l'étendre à l'hypothèse qui nous occupe, et nous ne pouvons que faire des vœux pour qu'une disposition législative vienne sur ce point modifier la loi.

Nous avons maintenant à déterminer le sens et la portée du dernier alinéa de notre article, qui réserve les droits des héritiers dans le cas où la vente renfermerait un avantage indirect. Remarquons tout d'abord que, quand l'un des époux cède, dans l'un des cas de notre article, à son conjoint un bien d'une valeur supérieure à la somme qu'il lui doit, il y a là, non pas donation déguisée, mais simple avantage indirect ; car c'est ouvertement que l'acte s'accomplit, que la cession s'opère pour un prix inférieur à la valeur réelle ; il y a, en un mot, avantage avoué mais indirect, et non pas donation déguisée. En conséquence, un acte de cette nature ne devra pas être annulé par les tribunaux. Le deuxième paragraphe de l'art. 1099 ne lui sera donc pas applicable, et l'avantage qui résultera pour l'un des époux de la convention sera seulement soumis à la réduction, conformément au 1er § de l'article 1099.

Mais si, au contraire, les deux époux ne se trouvaient pas réellement dans l'un des cas de notre article, si la cause d'aliénation qui se trouve insérée dans l'acte est simulée, alors l'acte devra être frappé par la loi avec la plus grande rigueur, et, une fois qu'on aura prouvé la simulation, il devra être annulé pour le tout.

Il nous reste à présenter une dernière remarque sur notre article ; c'est que, dans les cas qu'il énumère, il autorise également et la vente de meubles et la vente d'immeubles, puisque la loi n'établit pas de distinction à ce sujet.

La dernière question que nous ayons à examiner sur la vente entre époux est celle de savoir si la femme peut se porter adjudicataire des biens expropriés sur son mari. Le mari devra bien, dans ce cas, être considéré comme vendeur, vendeur forcé, il est vrai, mais ne sera dessaisi de la propriété qu'au moment où le tribunal aura prononcé l'adjudication. Il peut donc paraître, au premier abord, conforme à la pensée qui a dicté au législateur l'art. 1595, de défendre à la femme de se porter adjudicataire, d'autant plus que ce serait un spectacle immoral de voir, dans certains cas, la femme spéculer sur la mauvaise fortune de son mari, pour acheter à bas prix des biens d'une grande valeur. A cette dernière considération, on pourrait opposer la femme se dévouant pour arracher aux créanciers et à des étrangers un bien, souvenir de famille. Il faut, du reste, remarquer qu'une telle vente, faite sous les yeux et la surveillance de la justice, est entourée de toutes les garanties voulues par la loi; qu'il n'est pas à craindre, en conséquence, que le mari veuille et puisse par ce moyen déguiser une donation ou faire à sa femme une libéralité indirecte. Les considérations qui ont dicté au législateur l'art. 1595 n'existent donc pas ici, et, les incapacités étant de droit étroit, nous devons d'autant moins appliquer ici l'art. 1595, que nous sommes en présence d'une position tout à fait différente. Du reste, nous sommes en présence d'un droit tout exceptionnel; ce n'est pas l'art. 1595 qui doit s'appliquer, mais l'art. 711 Proc. civ. Cet article déclare seulement incapables d'enchérir le saisi et les personnes notoirement insolvables. Du moment que la femme du saisi n'est pas notoirement insolvable, nous ne voyons pas pourquoi elle ne pourrait pas se porter adjudicataire.

On objecte que le conjoint du saisi peut jouer ici le rôle de personne interposée, qu'il peut colluder avec le saisi. Ce danger, s'il existe, ne nous touche guère ; les règles relatives à l'interposition de personnes écrites dans les art. 911, 1099 et 1100 C. C., sont spéciales aux donations, et ne doivent pas être étendues à notre matière. Du reste, la femme, si c'est elle qui se porte adjudicataire, peut avoir un intérêt puissant à ce que le prix de l'immeuble couvre le montant des créances garanties par son hypothèque légale. Nous croyons donc que l'époux peut enchérir et se porter adjudicataire dans une procédure sur saisie immobilière poursuivie contre son conjoint.

Nous en avons fini avec la vente entre époux, et nous arrivons maintenant à nous demander si l'échange est possible entre ces mêmes personnes. Sur cette grave question, nous ne rencontrons aucun texte spécial qui prohibe ou permette l'échange entre époux ; nous aurons donc à rechercher si un tel contrat peut intervenir entre eux, en nous inspirant des dispositions de notre Code qui, sans résoudre positivement la question, peuvent cependant nous indiquer quelle a été la pensée du législateur.

Nous savons déjà qu'en droit romain l'échange était permis entre époux, et nous allons retrouver ici l'argument moral auquel nous avons répondu, quand on l'invoquait à l'appui du système qui interdit les contrats entre époux. On nous fait remarquer que si l'échange était permis entre époux en droit romain, c'est que, sous l'empire de cette législation, la femme n'avait pas besoin de l'autorisation de son mari pour contracter. Or il en est autrement sous l'empire de nos lois, et l'on doit prohiber un semblable contrat entre époux, à cause précisément de la position que notre loi fait à la femme : *Nemo in rem suam auctor fieri potest.* La femme cependant, pourrions-nous répondre, gardera pleinement son indépendance, et, malgré l'autorisation maritale, elle saura toujours refuser son consentement à un échange qui lui paraîtrait défavorable.

Nous avons déjà vu que, sous l'empire des coutumes, Duplessis, commentant l'art. 226 de la coutume de Paris, permettait l'échange entre époux; et cependant cet article semblait commander une solution contraire. Il était, en effet, ainsi conçu : « Le mari ne peut vendre, » échanger, faire partage ou licitation, charger, obliger » ou hypothéquer le propre héritage de sa femme, sans le » consentement de sadite femme, et icelle par lui au- » torisée. » De la rédaction de cet article il semblait résulter que l'échange entre époux n'était pas même possible aux yeux du législateur, puisqu'il supposait le cas d'un échange pratiqué par le mari. Ce dernier ne pou- vait pas jouer le rôle des deux parties. Cependant Du- plessis regardait cet article comme ayant seulement pour but de fixer les conditions de capacité de la femme.

Sous l'empire de notre Code civil, nous croyons éga- lement que l'échange doit être autorisé entre époux. La première raison qui nous détermine à embrasser cette solution, c'est que, dans le Code, il n'y a pas de texte prohibitif, et que, d'après ce que nous avons déjà dit, les contrats entre époux sont permis, du moment qu'il n'y a pas de texte pour les défendre. On nous objecte l'art. 1707, qui déclare applicables à l'échange toutes les règles du contrat de vente, pourvu qu'il n'y ait pas à ce sujet de dérogation formelle. On conclut de là que l'ar- ticle 1595 doit s'appliquer en matière d'échange. Remar- quons d'abord que cet article est inapplicable, au moins dans les exceptions qu'il porte à la prohibition de la vente entre époux. En effet, nous avons vu que, dans les trois cas d'exception de l'art. 1595, il s'agissait, non pas d'une vente proprement dite, mais d'une dation en payement. Comprend-on l'association de ces deux idées : un échange qui a pour but d'éteindre une dette ? Ou les échanges au-

ront absolument la même valeur, et il n'y aura pas acquittement d'une dette ; ou les biens seront de valeur inégale,
et celui des conjoints qui sera débiteur envers l'autre devra
changer l'immeuble qui jouit de la plus grande valeur.
Mais alors il n'y aura échange que pour partie, c'est-à-
dire en tant seulement que la valeur des deux biens se
compense, et, pour le surplus, il y aura vente et
application de l'art. 1595. Cet article s'appliquera, non
pas à l'échange, mais à la partie du contrat qui constituera
une vente véritable.

Ainsi, avec la théorie qui consiste à appliquer à l'é-
change les règles du contrat de vente, nous arrivons à
cette conséquence de prohiber absolument l'échange
entre époux, dans le cas où un tel contrat serait équitable,
c'est-à-dire quand il y a égalité de valeur entre les biens
échangés. Nous venons donc de démontrer que, si l'article 1707 renvoie à l'art. 1595, la conséquence serait de
rendre impossible l'échange entre époux. Mais, pour
arriver à cette décision rigoureuse que l'art. 1707 rend
applicables à l'échange toutes les règles édictées pour le
cas de vente, s'il n'y est pas dérogé par un texte formel,
il est nécessaire que toutes les autres règles de la vente
auxquelles l'art. 1707 renferme un renvoi implicite, soient
réellement applicables à l'échange. Il est pourtant certain
qu'il n'en est pas ainsi, et que, malgré le renvoi prononcé par l'art. 1707, beaucoup des règles relatives à la
vente ne peuvent pas s'appliquer à l'échange : c'est ainsi
que la règle de l'art. 1602, d'après laquelle les pactes ob-
scurs doivent s'interpréter contre le vendeur, ne saurait
s'appliquer à notre matière, ainsi que cela résulte de la
nature même de l'échange. Il faut, de même, décider que
les frais d'actes doivent se partager entre les copermutants,
et non être payés en totalité par l'acheteur, en vertu de
l'art. 1593. La règle de l'art. 1619 sur le déficit ou l'excédant de contenance ne s'applique pas à l'échange, et, dans

ce contrat, c'est une question de fait, que les tribunaux apprécieront suivant les circonstances et l'intention des parties. L'argument qu'on voudrait tirer de l'art. 1707 manque donc son but, parce qu'il prouve trop, et nous croyons interpréter sagement la loi en disant que l'art. 1707 renvoie seulement aux règles relatives aux formalités de la vente et de la délivrance, mais qu'il ne renvoie nullement à celles qui traitent de la capacité.

Après avoir ainsi écarté les objections qu'on pourrait présenter contre la possibilité de l'échange entre époux, nous allons aborder les considérations qui nous font penser qu'un semblable contrat doit être permis, et est permis entre époux. Celui qui fait un échange n'a nullement l'intention d'aliéner un de ses biens, il veut seulement le remplacer par un autre. Il n'a pas besoin de dire que cet immeuble doit, suivant sa volonté, lui rester propre ; la loi elle-même voit dans la nature même du contrat un motif suffisant pour appliquer la règle : *Subrogatum subrogati naturam capit*. Le danger n'est pas le même que dans la vente ; car, si la somme payée pour prix de la vente peut être illusoire, il est bien difficile de faire une semblable simulation en matière d'échange. Du reste, le législateur l'a compris, et dans l'art. 1559, lorsqu'il permet l'échange de l'immeuble dotal, il ne défend nullement que ce contrat ait lieu avec le mari ; et cependant le législateur se montre bien sévère sur les conditions qu'il exige pour la possibilité de l'échange de l'immeuble dotal. Il faut : 1º que l'immeuble contre lequel on l'échange soit de la même valeur que les 4[5es au moins ; 2º que la femme consente ; 3º que le tribunal autorise l'échange ; 4º enfin que les biens soient estimés par des experts nommés par le tribunal. Mais, quand ces quatre conditions sont réunies, l'échange peut avoir lieu, quel que soit le propriétaire de l'immeuble contre lequel a lieu l'échange.

La nature de l'échange, qui n'offre pas les mêmes dangers que la vente, la disposition de la loi pour le régime dotal, tout enfin nous porte à croire que l'échange est permis entre époux.

Il est vrai qu'en matière de communauté, nous ne trouvons pas de texte analogue à notre art. 1559 ; mais est-il probable que le législateur ait voulu interdire l'échange aux époux mariés sous le régime de la communauté, alors qu'il le permettait aux époux dotaux ? Est-il possible d'admettre que, si l'échange est permis sous un régime qui a pour but principal de conserver et de sauvegarder les intérêts de la femme, il ne le sera pas sous un régime qui inspire beaucoup plus de confiance au législateur, et dans lequel les intérêts de la femme, sauvegardés par la loi, sont confiés au mari ?

L'utilité elle-même vient nous commander de permettre un semblable contrat entre époux. Ne peut-il pas se présenter des circonstances nombreuses où un acte de cette nature sera un acte de bonne et sage administration, inspiré par l'intérêt des enfants et de la famille entière ?

L'échange, ainsi que nous le disions tout à l'heure, n'offre-t-il pas plus de garanties que la vente, moins de facilité pour la dissimulation ? Si cependant, sous l'apparence d'un échange, les époux s'étaient fait une libéralité indirecte ou déguisée, nous devrions la déclarer réductible ou nulle, en vertu, non pas de l'art. 1595, qui ne s'applique pas à notre matière, mais en vertu de l'art. 1099, applicable à toutes les donations entre époux.

Entouré de toutes ces garanties, l'échange n'offre plus aucun danger, et nous n'hésitons pas à le permettre entre époux.

CHAPITRE IV.

DES SOCIÉTÉS ENTRE ÉPOUX.

Tous les jours, nous voyons sous nos yeux l'association de l'intelligence et des capitaux engendrer des prodiges. Aussi n'y a-t-il rien d'étonnant dans l'importance, chaque jour croissante, que prennent les sociétés tant civiles que commerciales. Nous devons constater cependant que les capitaux se sont de préférence portés vers ces dernières. Nous trouvons l'explication de ce fait dans les besoins nouveaux qui se font jour dans le sein de la société. Aussi aurions-nous trouvé étonnant que des personnes, rapprochées par les nécessités mêmes de leur position et unies pour poursuivre un but commun, restassent indifférentes à ce mouvement d'activité dévorante qui entraîne la société tout entière vers de nouvelles découvertes. Il nous semble donc regrettable que les dispositions de nos Codes ne s'occupent en aucune façon des sociétés entre époux. Il est cependant certain que, lorsque deux époux s'unissent pour former une société, ils sont surtout guidés par l'intérêt de la famille. L'union du mari et de la femme peut souvent constituer l'alliance de l'intelligence et des capitaux, et servir, en conséquence, l'intérêt bien entendu de leur famille. Pourquoi, par exemple, obliger le mari, qui se trouve en possession d'une importante découverte ou d'une idée riche en résultats, à recourir à des capitaux étrangers, à faire participer des personnes indifférentes pour lui à tous les bénéfices que pourra lui procurer la réalisation de sa découverte, alors que peut-être il trouverait dans les capitaux de sa femme la ressource néces-

saire pour faire des profits considérables ? Mais, si la
femme elle-même consent, si elle saisit l'idée de son
mari et approuve complétement la marche qu'il croit
devoir suivre, une telle rigueur ne devient-elle pas une
souveraine injustice ? Aussi notre conviction est-elle
que, quels que soient les dangers d'une semblable doctrine, le plus prudent, le plus sage, serait d'autoriser
tous les contrats de société entre époux.

Ces considérations s'appliquent surtout aux sociétés
commerciales; et si nous avons un regret à exprimer à
ce sujet, nous dirons qu'il est triste de voir ces sociétés
se former le plus souvent entre étrangers, entre personnes que guide et unit un instant un intérêt commun.
Il serait à désirer qu'un lien plus solide rapprochât les
associés; alors on ne verrait plus de dissension entre
eux; la bonne foi inspirerait tous leurs actes, et, forte
de sa franchise, de sa loyauté, la société prospérerait
bien vite. Du reste, dans ces sociétés entre étrangers, il
peut se présenter des circonstances où l'intérêt de l'un
des associés soit momentanément contraire à celui de la
société, et alors, si la société continue à subsister, il y
aura une matière à dissension continuelle dans son sein.
Tout au contraire, si les associés sont unis par un autre
lien que celui de la société, s'ils sont déjà attachés à
poursuivre un même but, celui de procurer le bonheur
et l'éducation à leurs enfants, la prospérité à leur famille; si des devoirs, sinon civils, tout au moins mo-
raux, les enchaînent aux mêmes desseins, alors la société contractée entre eux réunira de bien plus grands
éléments de réussite que toute autre. Unis déjà par
l'affection et le but qu'ils poursuivent en commun, ils
resserreront l'union qui existe entre leurs personnes,
et ils la couronneront par une association de capitaux.
Ils seront deux, mais ils n'auront qu'une volonté, qu'un
désir, qu'une même fortune, qu'une même ligne de

conduite ; alors on ne pourra pas venir parler au mari de ses droits comme chef, droits qu'il aura en partie abandonnés tacitement, de l'autorité qu'il devrait exercer sur sa femme. Il ne s'en occupera pas ; il regardera ces droits comme de peu d'importance, en présence du but élevé qu'il se propose d'atteindre, de l'établissement qu'il veut pour ses enfants.

Mais la loi, nous dira-t-on, doit y songer pour lui, et le ramener à la vérité de sa position. Si un semblable abandon de ces droits mettait en danger la société tout entière, je comprendrais cette sollicitude du législateur ; mais quand, par un accord tacite, par un consentement qui se traduit en actes et qui ne s'enregistre pas par écrit, le mari peut renoncer à l'exercice de ces droits ; quand un abandon réel, mais tacite, n'attire pas la sollicitude du législateur, ne nous est-il pas permis de dire : le mari a des droits comme chef ; le législateur lui ordonne de les conserver avec soin, et cependant, le vœu de la loi étant l'union entre les époux, ne les exercer qu'en les partageant avec la compagne de sa vie, n'est-ce pas se conformer à la pensée du législateur ?

On insiste cependant, et on nous montre la femme chargée de diriger une société dont son mari fait partie, la femme seule gérante et disposant des biens de son mari. Où est le danger ? Nous verrons plus tard que le contrat de mandat peut exister entre époux ; n'aurons-nous pas ici un contrat de mandat ordinaire, mandat donné par le mari à sa femme ?

On objecte ensuite le droit de contrôle et de surveillance que la femme pourra exercer sur les actes de son mari. Ce contrôle est-il donc contraire à la loi ? Est-ce qu'un semblable contrôle ne doit pas exister, même dans le régime de la communauté légale ? Est-ce que la femme ne peut pas, je dirai même ne doit pas présenter à son mari des observations sur sa gestion ? Est-ce que le mari, à défaut d'une obligation légale, n'est pas moralement obligé de consulter sa femme? Est-ce que la loi elle-même n'autorise pas ce contrôle incessant, qui devra aboutir, au cas de mauvaise administration, à la séparation de biens?

On objecte encore le droit qu'aura la femme de faire révoquer son mari des fonctions de gérant des biens de la société. Quel danger présente ce droit, quand l'article 1443 C. C. autorise la femme à demander à la justice d'enlever à son mari la gestion de ses biens propres, que l'article 1428 C. C. confère à ce dernier?

Enfin on nous oppose l'art. 1395 C. C., qui pose en principe l'immutabilité des conventions matrimoniales. Nous verrons, en répondant à cet argument, que cet article ne doit pas s'entendre d'une manière aussi générale qu'on le prétend; qu'on doit, tout au contraire, le restreindre dans sa sphère d'application, que nous déterminerons en étudiant les sociétés civiles.

Sous le bénéfice de ces considérations, nous allons aborder l'étude des dispositions de notre Code sur ce sujet; nous aurons naturellement à étudier, dans deux sections séparées, les sociétés civiles et les sociétés commerciales.

SECTION PREMIÈRE.

DES SOCIÉTÉS CIVILES.

Nous distinguerons, avec les rédacteurs de notre Code, quatre espèces de sociétés : 1° les sociétés universelles de tous biens présents et à venir; 2° les sociétés universelles de tous biens présents; 3° les sociétés universelles de tous gains; 4° enfin les sociétés particulières; et nous consacrerons un paragraphe particulier à l'étude de chacune d'elles.

§ Ier.

De la société universelle de tous biens présents et à venir.

L'existence d'une société de cette nature n'est autorisée par la loi qu'entre époux. Nous aurons à rechercher les motifs qui ont guidé le législateur, et à quel moment l'établissement d'une semblable société peut avoir
lieu. Si le législateur l'a permis seulement entre époux,
c'est qu'entre ces personnes seules il n'avait pas à
craindre la fraude. En effet, entre personnes étrangères, on ignore quelle sera au juste la mise de chacun
des associés, puisqu'une telle société comprenant les
biens à venir, il est impossible de déterminer quels seront les biens qui adviendront à chaque associé par
succession, donation ou legs. Mais, entre époux, l'affection qui doit les unir, l'intérêt commun de la famille, qui
doit toujours les inspirer, ont paru au législateur une
garantie suffisante ; et si ces raisons ne suffisaient pas
pour expliquer la disposition de la loi, nous en trouverions une nouvelle dans la faveur attachée par le législateur au mariage. En outre, entre personnes étrangères
l'une à l'autre, le législateur a craint qu'une société de
cette nature ne servît aux contractants de masque pour
échapper aux dispositions par lesquelles la loi prohibe
les donations de biens à venir. Mais cette raison n'existait pas entre époux, puisque nous avons vu la loi leur
permettre par le contrat de mariage, et même pendant
le mariage, les donations de biens à venir.

A quel moment une semblable société peut-elle être
constituée ? L'article 1526 C. C. le détermine quand il
nous dit : « Les époux peuvent, *par leur contrat de ma-*
» *riage*, établir une communauté universelle de leurs

» biens. » Des termes mêmes de cet article il résulte
qu'une semblable société ne peut intervenir entre époux
que par contrat de mariage. Du reste, établie après la
célébration du mariage, elle aurait pour effet de modifier profondément les clauses du contrat; elle serait
donc, comme telle, contraire à la prohibition de l'article 1395. Au point de vue des textes, nous croyons donc
devoir défendre entre époux une semblable société. Des
auteurs, cependant, ont cru pouvoir leur permettre de la
constituer pendant la durée du mariage, en se fondant
sur l'art. 1837. Mais nous croyons que le renvoi prononcé
par cet article au titre du contrat de mariage indique la
pensée, chez le législateur, de ne permettre l'établissement de cette société que par l'acte même qui règle les
intérêts pécuniaires des futurs époux.

La constitution d'une société universelle de tous biens
présents et à venir est donc interdite entre époux.

§ II.

De la société de tous biens présents.

La société comprend alors tous les biens présents des
associés, meubles ou immeubles, et tous les profits qu'ils
pourront en tirer. Ils peuvent aussi y faire entrer toute
espèce de gains, mais pour la jouissance seulement.
Tels sont les éléments qui constituent la société universelle de tous biens présents. Une semblable société peut-
elle avoir lieu entre époux?

Ici nous nous trouvons dans la nécessité de distinguer
entre les différents régimes que les époux ont pu adopter.
S'ils sont mariés sous le régime de la communauté
légale, nous devrons répondre qu'une société universelle de biens présents devient impossible entre eux.
En effet, nous serions dans la nécessité de dépouiller

la communauté au profit de la société, et de frustrer ainsi les créanciers de la communauté d'une partie de leurs sûretés. Ainsi la société universelle de biens présents comprend tous les biens des époux, meubles et immeubles ; mais la communauté légale comprend également les meubles. Nous serions donc obligés de diminuer l'actif de la communauté de tous les meubles qu'il comprend, pour constituer notre société. Je sais bien qu'on y ajouterait les meubles propres à chacun des époux, si bien que chacun d'eux ferait son apport. Mais n'y aura-t-il pas une dérogation à la nature et à l'essence de la communauté légale, quand on composera des meubles déjà communs aux époux l'actif de la société, quand on dépouillera la communauté du revenu des biens propres, pour en accroître l'actif social, quand enfin on enlèvera à la femme le droit de renonciation à la communauté, ou celui de n'être tenue des dettes qu'*intrà vires*, si elle a fait inventaire, pour la condamner à payer, dans le passif social, sa part virile ? Toutes ces considérations nous font déclarer nulle, sous le régime de la communauté légale, la stipulation d'une société universelle de biens présents entre époux : c'est la décision unanime des auteurs.

Le même accord n'existe pas pour le cas où les époux ont stipulé la séparation de biens. Dans ce cas, nous croyons pouvoir autoriser une semblable société entre époux. Nous ne voyons, dans le régime de la séparation de biens, rien qui repousse la société universelle de tous biens présents. Il y aura une société qui existera côte à côte avec le régime de la séparation, société qui sera régie par ses règles spéciales, mais que nous croyons pouvoir autoriser ici, précisément parce qu'il n'y aura de dérogation au contrat de mariage que relativement aux propres des époux, tandis que, dans le cas de communauté légale, l'actif de la communauté se trouvait profondément atteint. On ne peut pas, en effet, argumenter, comme dans l'hypothèse ci-dessus, de la dérogation qu'un tel contrat pourrait apporter aux conventions matrimoniales, puisque la société conjugale n'en sera nullement altérée. On nous objecte que par ce moyen nous ouvrirons la porte à la fraude, et nous permettrons de déroger aux règles relatives aux donations et à la vente entre époux. Il est bien vrai que la société sera un des contrats qui permettra de dissimuler le plus facilement des ventes ou des avantages soit indirects, soit déguisés. C'est, du reste, ce que le législateur lui-même avait compris, puisqu'il s'exprime ainsi dans l'art. 1840 : « Nulle société universelle ne peut » avoir lieu qu'entre personnes respectivement capa- » bles de se donner ou de recevoir l'une de l'autre, et » auxquelles il n'est pas défendu de s'avantager au pré- » judice d'autres personnes. »

Il est bien incontestable que cet article prohibe toute société universelle entre ceux qui ne peuvent se donner mutuellement. Ainsi il est hors de doute qu'un père ne pourrait pas former une société avec son fils adultérin ou incestueux. Mais telle n'est pas la position des époux l'un envers l'autre, et si l'enfant adultérin ou incestueux ne peut rien recevoir de ses père et mère, si ce n'est des aliments (art. 762), les époux, au contraire, peuvent se faire des donations l'un à l'autre. Il s'agit donc seulement de déterminer le sens des dernières expressions de l'art. 1840, et de savoir ce que le législateur a entendu par ces mots : « et auxquelles il n'est pas défendu » de s'avantager au préjudice d'autres personnes. » Plusieurs auteurs, se fondant sur la généralité des expressions de l'art. 1840, prononcent la nullité des sociétés contractées entre ceux qui ne peuvent s'avantager au préjudice d'autres personnes. Dans ce système, il est évident que si les époux ont des héritiers à réserve, la société universelle qu'ils pourraient contracter sera nulle.

Nous croyons que tel n'est pas le sens attaché par le législateur à l'art. 1840. En effet, des expressions mêmes de cet article il résulte que la société universelle doit être autorisée alors même qu'il existe des héritiers à réserve, mais jusqu'à concurrence de la quotité disponible. Telle a été, du reste, la pensée des rédacteurs du Code civil. Au conseil d'Etat, on s'éleva contre la société de biens présents, et plusieurs membres de cette assemblée voulaient l'interdire absolument ; mais M. Treilhard fit remarquer qu'une semblable société tenait plutôt de la vente que de la donation, et qu'on devait l'autoriser, en vertu du principe du libre usage de la propriété. M. Treilhard ajoutait que les prohibitions relatives aux donations continuaient à subsister. M. Tronchet prit ensuite la parole : « Toutes les donations, dit-il, » même réciproques, sont soumises aux prohibitions » et aux réserves; donc, si les sociétés de tous biens » peuvent être quelquefois des donations, il est néces- » saire, en les autorisant, d'exprimer que c'est sans » préjudice des dispositions prohibitives. » Après quelques observations, on adopta la société de biens présents. Puis, dans l'exposé des motifs, M. Treilhard s'exprime ainsi : « C'est par des considérations d'une haute im- » portance que vous avez établi entre quelques per- » sonnes des incapacités de se donner au préjudice de » quelques autres. Ces prohibitions ne sont pas nom- » breuses dans notre législation ; mais enfin il en existe ; » or ce que vous avez expressément défendu, ce qu'on » ne peut faire directement, il serait inconséquent et » dérisoire de le tolérer indirectement; il ne faut donc » pas que, sous les fausses apparences d'une société, on » puisse, en donnant en effet, éluder la prohibition de » la loi qui a défendu de donner, ou que ce qui est illi- » cite devienne permis, en déguisant sous les qualités

» d'associés celles de donateur et de donataire. » Le
tribun Boutteville disait également : « L'art. 1840 avertit
» les personnes auxquelles il est défendu de s'avantager
» au préjudice d'autres personnes, qu'elles ne peuvent
» se soustraire aux prohibitions de la loi. » Il résulte
évidemment de la discussion de la loi au conseil d'État
et du commentaire des rédacteurs eux-mêmes, qu'il ne
s'agit que de garantir leur réserve aux héritiers réservataires. Ces sociétés, si elles cachent des avantages indirects, seront donc seulement réductibles à la quotité
disponible, et l'art. 854, supposant qu'une société quelconque a existé entre un auteur et son héritier, déclare
les libéralités frauduleuses qui peuvent en résulter, rap-
portables à la succession, et par conséquent en suppose la validité. Pourquoi ne pas déclarer également valables les sociétés faites entre un auteur et des
étrangers, ou entre deux auteurs communs ? Du reste,
l'adoption du premier système aurait pour conséquence
immédiate de rendre à peu près impossible l'existence
d'une société universelle, puisqu'il existe bien peu de
personnes qui n'aient pas des héritiers à réserve. Enfin
le système contraire ne va-t-il pas contre le but de la
loi, en laissant en suspens ou en subordonnant l'avenir
de semblables sociétés aux chances les plus hasardeuses ?
Qu'une personne qui n'a ni descendants ni ascendants
(car, d'après ces auteurs, celles-là seules pourront contracter une société universelle) contracte aujourd'hui
une société de cette nature, que plus tard elle vienne à se
marier et à avoir des enfants, la société deviendra nulle.
En présence d'un avenir aussi incertain, qui osera former
de semblables sociétés ? Mieux eût valu les prohiber.

Enfin on nous fait une dernière objection ; on soutient
qu'une semblable société, touchant de très-près à la
vente, doit être prohibée entre époux, par application de
l'art. 1595 : mais cette objection nous touche peu, parce

que l'aliénation des biens qui entrent dans l'actif social est consentie par l'un des époux, non pas à son conjoint, mais à l'être moral qui est la société.

Si une telle société est valable entre époux séparés contractuellement, nous ne pourrions pas appliquer la même théorie au cas de séparation judiciaire. En effet, si, dans ce cas, il y a eu une modification importante aux conventions matrimoniales, le jugement crée pour les époux un nouvel ordre de choses auquel ils doivent se soumettre. S'ils pouvaient contracter ensuite une société universelle de biens présents, il y aurait dérogation au contrat primitif, et, si ce régime primitif était la communauté, il y aurait établissement d'une communauté d'un nouveau genre, alors que l'art. 1451 exige, pour le rétablissement d'une communauté semblable à celle du contrat de mariage, un acte notarié affiché dans les formes de l'art. 1445.

Cette question est presque oiseuse, et elle se présentera bien rarement : car il est bien peu probable que des époux qui n'ont pu vivre ensemble, puisqu'il est intervenu une séparation de corps, veuillent confondre leurs biens. Il est bien plus invraisemblable que la femme qui a poursuivi contre son mari sa séparation de biens, parce qu'il compromettait sa dot, vienne s'unir à lui pour fonder une société.

Sous le régime exclusif de communauté et sous le régime dotal, les époux ne pourront incontestablement pas former une société universelle de biens présents. En effet, sous le régime exclusif de communauté, ce serait déroger à la règle des art. 1530, 1531. L'art. 1530 décide que les revenus de la femme sont perçus par le mari pour supporter les charges du mariage, et ce serait les détourner d'un but qui est éminemment d'ordre public que de les attribuer à une société autre que la société conjugale. L'art. 1531 décide que le mobilier apporté par

la femme ou qui lui échoit au cours du mariage devient
la propriété du mari, qui contracte seulement l'engagement de le restituer lors de la dissolution du mariage.
Ce serait déroger formellement aux conventions matrimoniales que de l'enlever au mari pour l'attribuer à la
société. Sous le régime dotal, la constitution d'une pareille société serait encore plus impossible, puisque les
biens présents de la femme qui devraient composer l'actif
social, comprendraient sa dot, qui, aux termes de l'article 1554, est inaliénable.

§ III.

De la société de tous gains.

La société universelle de tous gains comprend tout
ce que les parties acquièrent par leur industrie, à quelque
titre que ce soit, pendant le cours de la société. En conséquence, les immeubles qu'elles possèdent au moment
du contrat n'y entrent que pour la jouissance ; quant
aux meubles qui sont possédés par les parties à la même
époque, ils y entrent même pour la propriété.

Les raisonnements qui nous ont servi à résoudre les
questions relatives à la société de biens présents entre
époux s'appliquent à notre matière, et nous font interdire entre époux la société universelle de tous gains,
quand ils sont mariés sous le régime de l'exclusion de
communauté ou sous le régime dotal. Lorsque, au contraire, les époux sont mariés sous le régime de la séparation de biens, nous croyons pouvoir autoriser entre
eux une société de tous gains, parce qu'elle pourrait
présenter quelque utilité, et que les raisonnements qui
nous font autoriser la société universelle de biens

présents entre époux mariés sous ce régime s'appliquent également à notre matière. Enfin, pour proscrire une telle convention sous le régime de la communauté légale, nous n'avons qu'à invoquer sa complète inutilité. En effet, sous ce régime, la société de tous gains existe déjà, en vertu des dispositions de la loi, l'art. 1401 composant l'actif de la communauté : 1º des meubles des époux ; 2º de tous les produits de leur industrie ; 3º des fruits de leurs immeubles propres.

§ IV.

De la société particulière entre époux.

La société particulière est celle qui a pour objet ou certaines choses déterminées, ou l'exercice de quelque métier ou profession ; en un mot, c'est celle qui ne rentre dans aucune des sociétés universelles. Les sociétés particulières ne pourront pas avoir lieu entre époux dans le cas où ils seraient mariés sous le régime de la communauté ou sous le régime exclusif de communauté, par les raisons que nous avons indiquées en parlant des sociétés universelles de tous biens présents.

Si les époux étaient mariés sous le régime de la séparation de biens, nous pensons que, dans cette hypothèse, il y aurait lieu de les autoriser à former une société civile particulière ; car, si nous avons cru devoir autoriser, dans ce cas, la société universelle de tous biens présents, *à fortiori*, devons-nous permettre dans le même cas la constitution d'une société particulière.

Si les époux étaient mariés sous le régime dotal, l'élément essentiel de ce régime rend impossible la constitution d'une société civile entre eux, bien que la femme ne mette en commun que des biens paraphernaux. C'est

la nature inaliénable des biens dotaux qui rend impossible
leur aliénation au profit de la société, ou pour payer les
dettes de la société; et bien que la masse sociale, constituée à part des biens dotaux, soit administrée, régie
et partagée suivant les règles du contrat social, les biens
dotaux n'en seront pas moins atteints, puisque les créanciers pourront poursuivre la femme pour sa part virile
sur tous ses biens, même dotaux.

SECTION II.

DES SOCIÉTÉS COMMERCIALES.

Pour interdire ces sociétés entre époux, on fait valoir
toutes les considérations générales que nous avons exposées au préambule de ce chapitre, et auxquelles nous
croyons avoir suffisamment répondu. On tire, en outre,
argument des art. 220 C. C. et 6 C. com. Ces articles décident que la femme ne sera réputée marchande publique qu'autant qu'elle fera un commerce *séparé* de celui
de son mari. On conclut des termes de ces articles que
la femme ne peut être commerçante que si elle fait un
commerce autre que celui de son mari. Je crois qu'il faut
ici chercher la pensée qui a guidé le législateur, et que
c'est le seul moyen d'arriver à une saine interprétation
de la loi. La disposition de ces articles n'a pour but que
d'établir une présomption que les auteurs de nos lois
font résulter de la position de la femme. Mais s'il est démontré que la femme est l'associée de son mari, il me
semble que l'art. 220 et l'art. 6 ne sont plus applicables.
Ces articles règlent une question de présomption, mais
non une question de capacité; c'est donc à tort qu'on vient
s'en faire une arme contre nous.

Examinons maintenant quelles sociétés commerciales

sont permises entre époux, et dans quels cas elles sont autorisées.

§ Ier.

De la société en nom collectif.

La société en nom collectif est incontestablement la plus importante de toutes les sociétés commerciales ; c'est celle qui procure aux associés le plus de crédit, et qui, en conséquence, présente le plus de dangers.

Si les époux sont mariés sous le régime de la communauté légale, nous croyons devoir proscrire entre eux une société en nom collectif, non pas, comme le prétendent certains auteurs, parce qu'il y aura dérogation aux règles établies pour les biens par le contrat de mariage, mais parce qu'il y aura dérogation aux droits que la loi reconnaît à la femme, et, sur ce point, dérogation au contrat de mariage. En effet, supposons que la société ne comprenne dans son actif que les biens propres des époux ; l'administration en sera confiée soit au mari, soit à la femme, soit aux deux conjointement. Si le mari est gérant, il n'y aura aucune dérogation aux règles du contrat de mariage ; si c'est la femme, il y aura mandat du mari, mandat pour l'administration, non-seulement des propres de la femme, mais encore de ceux du mari ; il n'y aura, en conséquence, aucune dérogation au contrat de mariage, puisque, ainsi que nous le verrons, le mari peut, sans difficulté, constituer sa femme sa mandataire. Il en sera de même dans le cas où les deux époux seraient gérants. Une semblable société n'emporte donc pas dérogation aux droits du mari, comme chef. Elle ne constitue pas davantage une dérogation aux conventions matrimoniales, puisqu'elle ne porte aucune atteinte à la composition de l'actif et du passif de la communauté.

Mais nous trouvons dans une des conséquences nécessaires de la société en nom collectif le motif qui nous fait décider qu'une semblable société ne peut pas exister entre époux. En effet, aux termes de l'art. 22 C. com., les associés en nom collectif sont solidairement responsables des dettes contractées dans l'intérêt de la société. Or, aux termes de l'art. 1431 C. C., la femme commune qui s'oblige solidairement avec son mari n'est réputée remplir à son égard que le rôle de simple caution. Elle jouit en conséquence, si elle a payé, d'un recours pour la totalité contre son mari. Cependant, si celui-ci prouve que la dette a été contractée dans l'intérêt exclusif de la femme ou dans l'intérêt de la communauté, elle n'aura plus de recours ou n'en aura que pour moitié. Or un semblable droit ne peut pas exister pour la femme associée en nom collectif de son mari (art. 22 C. com.); nous trouvons donc ici une dérogation aux droits de la femme, dérogation qui peut entraîner pour elle la ruine totale.

En outre, le législateur, guidé par un motif d'intérêt public, a cru devoir concéder à la femme le droit de renoncer à la communauté ou de n'être tenue de son passif qu'*intrà vires*, pourvu qu'elle ait fait un bon et loyal inventaire (art. 1453, 1483 C. C.). Cette faveur, cette garantie accordée à la femme par la loi, elle s'en trouvera privée par le contrat constitutif de la société; car un associé ne peut pas renoncer; il est tenu d'accepter et d'acquitter, même *ultrà vires*, les dettes de la société. La femme verrait disparaître ainsi dans la faillite d'une société, non-seulement les propres de son mari et tout l'actif de la communauté, mais tous ses propres. Nous trouvons ici une telle dérogation aux clauses du contrat de mariage et aux règles essentielles que le législateur a établies pour le régime de la communauté légale, que nous croyons devoir proscrire entre époux communs la société en nom collectif.

Du reste, pour la femme, une semblable société n'aurait aucune utilité. En effet, si la société établie entre les époux fait de mauvaises affaires, le mari sera tenu, sur ses biens propres et sur les biens de la communauté, et la femme ne conservera même pas ses propres, et verra ainsi sa famille tomber dans le besoin. Si, au contraire, le mari fait seul partie de la société, qui plus tard tombe en faillite, la femme pourra conserver ses propres, qui seront une dernière ressource pour sa famille. Si, dans cette même hypothèse, la société fait de bonnes affaires, le mari devra verser tous les bénéfices qu'il aura faits dans l'actif de la communauté, et la femme en profitera. Les garanties tutélaires dont le législateur a cru devoir entourer la femme ne devront donc pas être sacrifiées, et l'on devra considérer un semblable contrat comme une dérogation au contrat de mariage.

Par tous ces motifs, sous le régime de la communauté légale, nous repoussons la formation d'une société en nom collectif entre époux (1).

Ce que nous venons de dire s'applique au cas où la société et la communauté prendraient fin soit au même moment, soit l'une avant l'autre. Recherchons maintenant ce qui arriverait au cas où la communauté viendrait à se dissoudre avant la société. Si la communauté est dissoute par la séparation de biens, accessoire de la séparation de corps, il est incontestable que la société ne pourrait pas survivre à la vie commune, et la femme pourrait, au moyen de l'art. 1871, obtenir la dissolution de la société. Mais, si la séparation de biens seule amène la dissolution de la communauté, les intérêts de la femme ne seront nullement sauvegardés; le mari continuera, s'il

(1) V. dans le même sens Paris, 1er juin 1854 (D. P., 1856, 2, 230); Cass., 9 août 1851 (D. P., 1852, 1, 160); en sens opposé, Amiens, 3 avril 1851 (D. P., 1851, 2, 220); Bruxelles, 14 mars 1853 (D. P., 1852, 3, 8).

est gérant, à faire marcher les affaires sociales et à mettre les intérêts de la femme en péril. Elle ne pourrait alors demander la dissolution de la société que pour déconfiture du mari. Mais une semblable mesure ne pourra être prise qu'après le jugement de séparation de biens. Les intérêts de la femme ne seront donc pas sauvegardés. La femme, trouvant la communauté mauvaise, renoncera; mais, lorsque la société sera dissoute, les créanciers sociaux viendront poursuivre la femme *in solidum*, et la contraindre à acquitter intégralement les dettes sociales.

Enfin la difficulté qu'il y aurait à constituer la société résulterait de ce fait que, pour se conformer à la règle de l'art. 1832, la femme serait obligée d'apporter dans la société la nue propriété de ses immeubles. Il faudrait donc qu'elle en possédât. En outre, la société, pour pouvoir marcher, aurait nécessairement besoin de capitaux, et on devrait vendre la nue propriété des biens de la femme, ce qui la constituerait en perte, elle aussi bien que sa famille.

Si les époux ont adopté le régime exclusif de communauté, nous croyons, par les motifs qui nous ont fait repousser, dans ce cas, la société universelle de tous biens présents, devoir leur interdire la société en nom collectif. Il y aurait, en effet, dérogation aux règles d'intérêt public posées par la loi pour ce régime spécial; il y aurait, ainsi que nous le disions, dérogation à la règle de l'art. 1530; les fruits des biens de la femme, qui, aux termes de la loi, sont affectés au besoin du mariage, seraient l'élément qui devrait faire vivre la nouvelle société, et l'usufruit du mari prendrait fin. Encore sommes-nous obligés de supposer que l'apport de la femme consisterait en immeubles, autrement il y aurait

(1) D. P., 1860, 2, 12.

une telle dérogation aux règles du contrat de mariage (art. 1531 C. C.), que nous devrions rejeter immédiatement la possibilité d'une semblable société entre les époux.

Si les époux ont adopté le régime de la séparation de biens, nous croyons qu'il peut exister entre eux une société en nom collectif. La composition de l'actif de la société n'apportera aucune dérogation aux conventions matrimoniales. D'après les règles de ce régime, la communauté ne reçoit, à défaut de convention, que le tiers des revenus de la femme; celle-ci reste propriétaire et administratrice de ses biens. La femme associée en nom collectif avec son mari continuera à verser dans la caisse de l'association conjugale le tiers de ses revenus. La règle qui impose cette obligation sera donc pleinement exécutée. La constitution de la communauté d'indivision, résultat de la société, ne portera pas atteinte aux règles du contrat de mariage, puisque ce sera, de la part de la femme et du mari, un acte de libre administration, conforme en tous points aux règles établies par le législateur.

La question s'est déjà présentée devant les tribunaux, et la Cour de Paris, par un arrêt du 9 mars 1859, a décidé que la femme mariée sous le régime de la séparation de biens ne pouvait pas, même par son contrat de mariage, constituer avec son mari une société en nom collectif; mais cet arrêt a été déféré à la censure de la Cour suprême. Il est vrai que le pourvoi a été rejeté; mais remarquons que la Cour suprême ne s'est pas fondée sur ce que la société en nom collectif ne pouvait pas être contractée entre époux; la Cour n'a pas examiné ce point; mais elle a déclaré la société nulle par application de l'art. 1099 C. C., parce que le contrat de société renfermait des avantages déguisés (1).

(1) D. P., 1860, 1, 115.

Si les époux ont adopté le régime dotal, les considérations qui nous ont fait interdire entre époux mariés sous
ce régime la constitution d'une société civile particulière,
imposent également ici une solution négative. En effet,
si, au point de vue de sa formation, la société ne porte
aucune atteinte au contrat de mariage, puisque son
actif est composé de paraphernaux, dont la femme a
l'administration et la libre disposition; si, au point de
vue de sa gestion, elle ne porte nulle atteinte aux droits
du mari comme chef, puisque ses droits sont nuls sur
les biens que la femme apporte dans la société; si enfin,
au point de vue de sa liquidation et de son partage, on
suit les règles dictées en matière de société, de même
que si les époux avaient stipulé une société d'acquêts,
elle se liquiderait d'après ses règles propres, si les rapports du mari et de la femme sont ceux de deux personnes
qui poursuivent un seul et même but, et ne sont pas
ceux de personnes qui, comme on le prétend, ont des
intérêts opposés, il n'en est pas moins vrai que la considération qui nous a fait proscrire la société en nom
collectif entre époux mariés sous le régime de la communauté s'applique ici dans toute sa force. La femme,
étant tenue solidairement de toutes les dettes sociales,
verrait les créanciers poursuivre, même sur sa dot,
le recouvrement de leurs créances. Une atteinte serait
donc portée au principe de l'inaliénabilité de la dot. C'est
pourquoi nous croyons devoir interdire entre époux une
semblable société.

§ II.

De la société en commandite.

Il faut distinguer dans ces sociétés deux espèces de

sociétaires : les commandités et les commanditaires ; les
uns tenus solidairement de toutes les dettes sociales, les
autres qui ne sont obligés que jusqu'à concurrence de
leurs mises, et pour lesquels la société ne constitue
réellement qu'une association de capitaux.

Les premiers, c'est-à-dire les commandités, jouent
le rôle de véritables associés en nom collectif ; les règles
que nous avons exposées, au paragraphe précédent, sur
la possibilité d'une société en nom collectif entre époux,
s'appliquent donc ici.

Quant au rôle de simples bailleurs de fonds, de commanditaires, nous ne voyons nul obstacle à ce que les
époux le jouent, soit que l'un d'eux soit associé en nom
collectif, soit que nul d'entre eux n'ait cette qualité. Il
n'y aura là qu'un simple placement de fonds, placement
qui pourra être hasardé, mais que ni l'esprit ni le texte
de nos lois ne prohibent.

§ III.

De la société anonyme.

C'est véritablement ici l'association de capitaux par
excellence ; nous ne rencontrons même plus d'associés en nom collectif ; tous ne seront responsables que
jusqu'à concurrence de leur mise. Les époux pourront
donc faire partie d'une semblable société. La société ne
les rapprochera en aucune façon ; ils auront un intérêt
commun, il est vrai : la prospérité de la société dans laquelle ils ont également placé leurs capitaux ; mais la
société laissera subsister intacts tous les rapports qui
naissent du mariage.

§ IV.

De la société à responsabilité limitée.

Cette société, de création récente, n'est qu'une forme de la société anonyme, qui a été dispensée par le législateur de la nécessité de l'autorisation, et de l'approbation des statuts en conseil d'État. Aussi, de même que pour la société anonyme, ne voyons-nous nul inconvénient à ce que les époux en fassent partie.

§ V.

De l'association en participation.

La difficulté qu'on rencontre, en présence du silence du Code, à déterminer le caractère distinctif de l'association en participation, rend délicate la question de savoir si une semblable société peut être établie entre époux. Les auteurs et la jurisprudence sont profondément partagés sur cette question, et se divisent en deux systèmes.

Premier système.—Suivant les partisans de ce premier système, ce qui distingue l'association en participation des autres sociétés, et en particulier des sociétés en nom collectif, c'est qu'on n'y fait pas, à proprement parler, le commerce, mais seulement une ou plusieurs opérations commerciales ; c'est qu'elle n'est contractée que pour un temps fort court.

Ce n'est pas là faire connaître l'association en participation ; c'est vouloir prendre une des circonstances accessoires pour déterminer le caractère de la société ; c'est oublier aussi la réalité, puisque, dans une opération unique, on peut rencontrer tous les caractères de la société en nom collectif, et qu'elle peut durer fort longtemps.

Deuxième système. — Les dispositions du Code de commerce ne nous révélant, pas plus que l'ordonnance de 1673, le caractère essentiel de l'association en participation, il faut le rechercher dans les anciens auteurs. Pothier la définit en ces termes : « La société anonyme » ou inconnue, qu'on nomme aussi compte en partici- » pation, est celle par laquelle deux ou plusieurs per- » sonnes conviennent d'être de part dans une certaine » négociation qui sera faite par l'une d'entre elles en » son nom seul. » Savary, l'auteur de l'ordonnance de 1673, en parle en ces termes : « Il nous reste maintenant » d'expliquer la troisième sorte de société qu'on ap- » pelle anonyme, qui se fait aussi parmi les marchands et » négociants. Elle s'appelle ainsi parce qu'elle est sans » nom , et qu'elle n'est connue de personne, comme » n'important en façon quelconque au public. Tout ce » qui se fait en la négociation ne regarde que les asso- » ciés, chacun en droit soi, de sorte que celui qui achète » est celui qui s'oblige et qui paye au vendeur, celui » qui vend reçoit de l'acheteur ; ils ne s'obligent pas » tous les deux ensemble envers une tierce personne ; » il n'y a que celui qui agit qui est le seul obligé ; ils le » sont seulement réciproquement l'un envers l'autre, » en ce qui regarde cette société. » Ainsi le caractère essentiel de cette association, c'est qu'elle n'engage que celui qui a traité avec les tiers, et non son associé occulte.

Si l'on adopte le premier système, nous serons obligés d'appliquer à l'association en participation toutes les règles énoncées plus haut pour la société en nom collectif. Nous ne devrons, en conséquence, permettre l'association en participation que pour les époux séparés de biens. Une telle société est séparée de la société en nom collectif par des limites trop vagues, trop peu tranchées, pour qu'on ne lui applique pas les mêmes solutions.

Si, au contraire, on adopte avec nous le dernier système, qui rapproche la participation de la commandite, on devra autoriser une semblable société entre époux. L'associé occulte n'a qu'un simple intérêt dans l'entreprise; il n'y a là qu'un placement de fonds dangereux peut-être, mais qui n'est prohibé ni par le texte ni par l'esprit de la loi.

CHAPITRE V.

DES AUTRES CONTRATS ENTRE ÉPOUX.

Les questions que nous aurons à examiner dans ce chapitre seront toutes dominées par le principe que nous avons posé dans notre chapitre II. Nous n'aurons donc qu'à examiner, sur chacun des contrats énumérés dans le Code, s'ils constituent une dérogation au contrat de mariage, s'ils ne cachent pas des libéralités déguisées ou indirectes, ou s'ils ne sont pas une dérogation à la prohibition de la vente posée par l'art. 1595, et, si nous ne trouvons dans leur nature aucun de ces éléments, nous les autoriserons. Remarquons toutefois qu'il nous est impossible de décider, *à priori*, si tel contrat renferme une libéralité déguisée. Ce sera une question que les tribunaux auront à résoudre, chaque fois qu'on présentera à leur appréciation un contrat passé entre époux.

Le louage, le prêt à intérêt ou de consommation ne nous semblent prohibés entre époux par aucun texte de loi; ils peuvent, tout au contraire, être fort avantageux à la famille. Aussi croyons-nous pouvoir les autoriser entre époux.

Il en est de même, *à fortiori*, du prêt à usage et du dépôt, qui, étant purement gratuits et constituant des actes de bienveillance, doivent être permis entre époux et regardés comme une conséquence des rapports affectueux qui existent entre personnes si intimement unies.

Quant aux rentes foncières, constituées ou viagères, nous croyons devoir les interdire entre époux. En effet, elles emportent aliénation soit d'un immeuble, soit d'un capital mobilier, et sont, en conséquence, une dérogation à l'article 1595. Nous croyons donc, conformément à ce que nous avons dit au chapitre II, devoir en prononcer la nullité.

Le mandat peut avoir lieu entre époux ; cette solution, incontestable en principe, est confirmée par deux textes : l'art. 1420, qui suppose que la femme agit en vertu de la procuration de son mari, et décide que, dans ce cas, elle oblige la communauté, et l'art. 1577, qui suppose le cas où le mari devient le mandataire de sa femme.

Le cautionnement avait été autrefois interdit aux femmes, ainsi que nous l'avons vu dans l'exposé historique des lois qui se sont succédé sur ce point. Aujourd'hui le sénatus-consulte Velléien et les deux édits d'Auguste et de Claude ont été abolis, et la femme peut valablement cautionner une obligation de son mari. Seulement, comme la femme non commerçante n'est pas sujette à la contrainte par corps, le créancier auquel est dû une caution judiciaire n'est pas tenu d'accepter la femme comme caution.

Pour la transaction, comme elle ne peut avoir lieu que si les contractants jouissent de la capacité de disposer, tant à titre gratuit qu'à titre onéreux, des objets compris dans la transaction, des auteurs décident qu'entre époux toute transaction est nulle, par application de l'art. 1595 C. C. D'autres, tout en les déclarant nulles, admettent cependant les exceptions apportées par cet article à la nullité des ventes entre époux. Quant

à nous, nous ne voyons nulle part de raison qui puisse
faire interdire la transaction entre époux. Aucun texte
ne la prohibe ; ils ont évidemment la capacité nécessaire,
puisqu'ils peuvent disposer de leurs biens. Enfin la
transaction revêt, en général, un caractère complexe, et
ne peut, le plus souvent, être bien appréciée que par les
parties contractantes elles-mêmes, qui connaissent les
motifs qui les ont poussées à transiger , et souvent ne
voudront pas venir les dévoiler devant des tiers.

Il en est de même des compromis qui peuvent intervenir entre époux. Sentant quels étaient les avantages
du jugement par arbitres, désirant voir deux époux s'arrêter au seuil d'un procès et s'en remettre à la décision
de deux ou plusieurs honnêtes citoyens, le législateur
n'a pas cru devoir l'interdire entre époux. S'il exige,
pour la validité d'un compromis, que les contractants
aient la libre disposition des droits compris dans leur
convention (art. 1003 Pr. civ.), le législateur n'a entendu l'interdire qu'aux incapables. Telle n'est pas la
position des époux. Le législateur leur reconnaît pleine
et entière capacité ; c'est pourquoi nous leur permettons
le compromis.

Quant à la contrainte par corps , ce débris de l'ancien
nexus des Romains égaré dans notre législation (1), c'est

---

(1) Nous rapportons ici les considérants si remarquables du décret
du 9 mars 1848, par lequel le gouvernement provisoire suspendit
l'exercice de la contrainte par corps jusqu'à ce que l'assemblée na-
tionale eût statué sur le sort de cette institution.

« Considérant, y est-il dit, que la contrainte par corps, ancien dé-
» bris de la législation romaine, qui mettait les personnes au rang
» des choses, est incompatible avec notre nouveau droit public ;

» Considérant que, si les droits des créanciers méritent la protec-
» tion de la loi, ils ne sauraient être protégés par des moyens que
» repoussent la raison et l'humanité ; que la mauvaise foi et la fraude
» ont leur répression dans la loi pénale ; qu'il y a violation de la
» dignité humaine dans cette appréciation qui fait de la liberté des
» citoyens un équivalent légitime d'une dette pécuniaire. »

un moyen rigoureux et extrême offert par le législateur
au créancier pour obtenir raison d'un débiteur récalci-
trant; aussi est-elle très-défavorable, et la loi a-t-elle
cru devoir, en conséquence, l'interdire toutes les fois
qu'un motif d'humanité venait en repousser l'application. Telles sont les considérations qui ont dicté au législateur de 1832 l'article 19 de la loi du 17 avril sur la
contrainte par corps. Cet article est ainsi conçu : « La con-
» trainte par corps n'est jamais prononcée contre un
» débiteur au profit : 1º de son mari ni de sa femme. » La
disposition de la loi est formelle et ne permet aucune
exception ou distinction. Quelle que soit la nature de la
dette civile ou commerciale, quelle que soit la situation
respective des époux, séparés de biens ou même de corps,
la voix du sang doit être écoutée, et il n'y aura pas lieu
à contrainte par corps. Si l'affection manque, dit
fort bien M. Troplong, il faut que la pudeur reste.

En suivant, comme nous l'avons fait, l'ordre tracé
par le Code civil, nous arrivons à nous demander si
le contrat de nantissement est permis entre époux. La
loi distingue deux espèces de nantissement, le gage et
l'antichrèse. Le gage ne renfermant aucune aliénation,
nous croyons devoir le permettre entre époux, et cela
avec d'autant plus de raison, que nous avons autorisé le
contrat de prêt entre époux, et que le gage n'en est
qu'un accessoire. Il en est autrement, suivant certains
auteurs, de l'antichrèse; ce contrat renferme aliénation
des fruits même futurs de la chose. Il résulte de là
qu'ils ne croient pouvoir l'autoriser que dans les trois
cas de l'art. 1595 C. C. D'autres vont même plus loin,

Le conseil d'État est en ce moment saisi d'un projet de loi portant
suppression de la contrainte par corps. C'est avec bonheur que nous
voyons le législateur reprendre l'idée du gouvernement provisoire.
Nous ne tarderons donc pas, il faut l'espérer, à voir disparaître de nos
lois cette déplorable institution.

et le prohibent absolument entre époux. Pour nous, nous croyons devoir l'autoriser ; car l'antichrèse est un contrat de bonne foi, accessoire d'un contrat de prêt, en général fort avantageux au débiteur, et qui n'offre aucun danger sérieux.

L'hypothèque conventionnelle nous semble devoir être permise entre époux. Elle ne renferme aucune aliénation, et elle est l'accessoire d'un contrat de prêt.

Il existe une autre convention entre époux que nous devons examiner avec soin : c'est celle qui a pour but la réduction de l'hypothèque légale. L'art. 2144 C. C., qui règle cette hypothèse, est ainsi conçu : « Pourra pareil- » lement le mari, du consentement de sa femme, et » après avoir pris l'avis des quatre plus proches parents » d'icelle, réunis en assemblée de famille, demander » que l'hypothèque générale sur tous ses immeubles, » pour raison de la dot, des reprises et conventions ma- » trimoniales, soit restreinte aux immeubles suffisants » pour la conservation entière des droits de la femme. » Cet article est une conséquence de l'art. 2140. De même que la femme peut, par son contrat de mariage, consentir à la restriction de l'hypothèque légale, de même elle peut consentir à la réduction de son hypothèque pendant le cours du mariage. Seulement, comme, dans le premier cas, elle est complétement libre, qu'il n'y a pas à craindre l'influence du mari, qui n'est encore que le futur, le législateur se contente de son seul consentement. Il en est autrement de la seconde hypothèse, c'est-à-dire du cas où il s'agit de la réduction de l'hypothèque légale ; dans ce cas, le législateur, pour éviter que la femme ne se laisse dominer par son mari, exige que celui-ci prenne l'avis des quatre plus proches parents de la femme et que la justice intervienne. De même que le législateur, dans la crainte qu'on n'arrachât plus facilement le consentement de personnes isolées aux contre-lettres modificatrices du contrat

de mariage, a exigé, dans l'art. 1396 C. C., un consentement simultané des parents ; de même, dans l'art. 2144,
il exige que les parents soient consultés en assemblée de
famille. Mais, si la femme ne peut pas, aux termes de
l'art. 2140, renoncer à toute hypothèque sur les biens de
son mari, *à fortiori* ne peut-elle pas consentir une semblable convention pendant son mariage. Remarquons
que l'art. 2144 exige le *consentement* de la femme, et que
le mari ne pourrait, en aucune façon, la contraindre à accepter la réduction. C'est, du reste, ce qui nous permet
de traiter ici ces questions, et de regarder cette réduction
comme une convention, un contrat d'une nature particulière qui intervient entre les époux. Observons, en
outre, qu'il n'est nullement nécessaire que les parents
émettent un avis favorable. Le tribunal décidera si les
immeubles offerts en garantie par le mari sont suffisants ;
l'avis des parents n'est exigé que comme un moyen de
contrôle, d'examen pour le tribunal. Les conclusions du
procureur impérial, exigées par l'art. 2145, ont le même
but.

CHAPITRE VI.

DES FORMALITÉS REQUISES POUR LA VALIDITÉ DES CON-TRATS ENTRE ÉPOUX.

Après avoir examiné jusqu'ici la question de savoir
si les contrats entre époux sont permis par la loi, et
dans quels cas ils sont permis, il nous reste à nous demander à quelles conditions est soumise la validité de
semblabes contrats. Cette question, comme on le comprend facilement, a la plus intime connexité avec celle
de savoir si, en principe, les contrats entre époux sont
permis ; aussi, de même que nous avons trouvé les auteurs

divisés sur cette première question, de même nous les trouvons divisés sur la question qui nous occupe en ce moment.

Aux termes des art. 217 et 1124 C. C., la femme est incapable de contracter sans le consentement de son mari ou de justice, suivant les cas. Quelle autorisation est nécessaire quand la femme contracte directement avec son mari ?

Une première opinion enseigne que les contrats entre époux sont permis, à la condition toutefois que la femme sera autorisée par justice. En effet, disent les auteurs qui soutiennent ce système, permettre au mari d'autoriser sa femme à contracter avec lui, c'est livrer sans garantie aucune la fortune de la femme au bon plaisir du mari ; c'est aller contre le but que le législateur s'est proposé en écrivant dans nos lois l'incapacité de la femme ; c'est abandonner l'être faible, la femme, aux abus de la puissance maritale. Exiger l'autorisation de la justice dans ce cas, c'est donc le parti le plus sage, puisqu'il garantit le mieux tous les intérêts.

Du reste, ce système n'est que l'application de la règle : *Nemo potest esse auctor in rem suam.* C'est là une de ces vérités incontestables qui doivent servir de guide aux jurisconsultes. Est-il possible de confier la protection d'un incapable à celui-là même qui est en opposition d'intérêt avec lui ? Évidemment non. Le législateur l'a fort bien compris : il est vrai toutefois que nous ne trouvons pas dans notre matière de disposition analogue à celle de l'art. 420 C. C., en matière de tutelle ; néanmoins, de l'ensemble des dispositions de nos lois, de l'esprit qui a guidé le législateur résulte évidemment cette pensée que la justice seule peut autoriser la femme à contracter avec son mari. Ainsi les art. 1558 et 2144 C. C. exigent l'intervention de la justice, dans le premier cas, pour autoriser ; dans le second, pour ratifier l'acte consenti par la femme ; et cependant, dans les hypothèses prévues par ces articles, le mari sera loin de désapprouver la conduite de sa femme ; mais précisément son autorisation n'offrirait plus aucune garantie à cette dernière; c'est pourquoi le législateur exige l'autorisation de justice. Ce n'est là que l'application à deux cas spéciaux d'une règle générale admise par la loi, bien qu'elle ne soit formulée dans aucun texte.

N'est-ce pas ici, au surplus, que l'on doit appliquer ces paroles que Portalis prononçait au sujet de l'art. 1595, en développant la règle *Nemo potest esse auctor in rem suam*, et que nous avons rapportées plus haut? Les appliquer ici est de toute équité ; c'est répondre à l'idée du législateur , c'est entourer la femme d'une protection dont elle a grand besoin.

Quelles que soient la gravité et l'importance des motifs invoqués par cette opinion, elle nous semble contraire aux dispositions de la loi, et nous croyons que la femme, quand elle contracte directement avec son mari, n'a pas besoin d'autorisation , puisque l'autorisation maritale résultera , aux termes de l'art. 217 C. C., du concours du mari dans l'acte. Aux termes de cet art. 217, le consentement du mari ou son concours dans l'acte confèrent à la femme pleine et entière capacité. Ce serait donc aller contre la disposition formelle de cet art. 217 que de limiter la capacité de la femme autorisée de son mari, et de l'obliger à demander l'autorisation de justice. .

Du reste, l'autorisation maritale est la règle ; l'autorisation de justice, l'exception ; pour que cette dernière soit nécessaire, il faut donc un texte formel: aussi le Code civil énumère-t-il les cas dans lesquels il faut recourir à l'intervention de la justice ; ce sont: 1º lorsque le mari refuse son autorisation (art. 219) ; 2º lorsque le mari est frappé d'une condamnation emportant peine afflictive et infamante (art. 221); 3° lorsque le mari est interdit ou absent (art. 222); 4° lorsque le mari est mineur (article 224). Ces cas énumérés limitativement par le législateur sont les seules exceptions admises par la loi au principe général posé dans l'art. 217. On ne peut donc pas les étendre et exiger l'autorisation de justice pour l'hypothèse qui nous occupe, alors que le législateur, par son silence, renvoie aux règles générales de l'art. 217 ; c'est aller contre la disposition implicite de la loi.

Mais le législateur lui-même a parlé, et, dans un décret du 17 mai 1809, il a résolu notre question dans le même sens que nous. Ce décret porte : « Art. 1er. La » femme mariée peut constituer en majorat, en faveur » *de son mari* et de leurs descendants communs, les » biens à elle propres, *sans qu'il soit besoin d'autre au-* » *torisation que de celle requise par l'art. 217 du Code* » *civil;* » c'est-à-dire que la femme peut constituer un majorat au profit de son mari, sans qu'il soit besoin d'autre autorisation que de celle de ce dernier.

Le législateur a donc lui-même pris soin de résoudre notre question, et, quels que fussent les résultats de sa volonté, nous devrions nous incliner. Mais est-il bien vrai que l'incapacité que prononce le premier système contre le mari, à l'effet d'autoriser sa femme, résulte de la nature même des choses ? Devons-nous appliquer ici la maxime : *Nemo potest esse auctor in rem suam?* Evidemment non. Nous ne devons pas plus appliquer cette règle aux rapports du mari avec sa femme qu'on ne la leur appliquait dans l'ancienne jurisprudence. Il est vrai que, dès cette époque, il y avait controverse au sujet de l'autorisation nécessaire pour les contrats passés entre époux ; mais elle ne portait nullement sur le point de savoir si l'on devait exiger l'autorisation de justice ou celle du mari, mais sur la question de la nécessité de l'autorisation. Ricard, Lebrun et d'autres auteurs n'exigeaient,

11

dans ce cas, aucune autorisation, et ils invoquaient pré-cisément, entre autres motifs, à l'appui de leur système, la maxime : *Nemo potest esse auctor in rem suam.* Po-thier réfute très-bien cet argument : « Si un tuteur, » dit-il, ne peut pas être *auctor in rem suam,* c'est que » l'autorité du tuteur étant requise pour veiller à l'inté-» rêt du mineur, un tuteur n'est pas propre à autoriser son » mineur pour des contrats dans lesquels le tuteur a un » intérêt contraire à celui du mineur ; ce qui ne reçoit au-» cune application à l'autorisation du mari, qui n'inter-» vient pas pour qu'il veille aux intérêts de la femme » qui est capable d'y veiller elle-même, mais pour ha-» biliter sa femme à contracter : or il peut également » l'habiliter pour un contrat qui intervient entre lui et » sa femme, comme pour des contrats que sa femme fait » avec des tiers ; c'est pourquoi, nonobstant l'avis de ces » auteurs, il est plus sûr que le mari autorise sa femme, » dans les contrats qui interviennent entre lui et » elle (1). » Nous voyons donc par là que, dans l'ancienne jurisprudence, la question ne faisait pas de doute, et que l'autorisation du mari était seule requise par les auteurs qui exigeaient l'autorisation. Nous devons cependant signaler, en passant, une opinion isolée : c'est celle de Guy Coquille, qui exige l'autorisation de justice. Mais elle était très-peu accréditée, et était repoussée par la juris-prudence du parlement. Le raisonnement par lequel Pothier rejetait l'application de la maxime : *Nemo potest esse auctor in rem suam,* s'applique entièrement sous l'empire de nos lois, d'autant plus que la nécessité de l'autorisation a été inscrite dans notre Code, non comme un acte de tutelle destiné à protéger l'intérêt particulier et individuel de la femme, mais comme une conséquence

(1) Pothier, *De la puissance du mari sur la personne et les biens de sa femme,* n° 42, *in fine.*

du droit qui appartient au mari de diriger la personne de sa femme et de veiller, dans l'intérêt de la famille, à la conservation de ses ressources.

Il ne nous reste plus qu'à répondre à l'argument que l'on tire, dans le premier système, des art. 1558 et 2144 C. C. Le législateur, en écrivant dans l'art. 1558 la nécessité de la permission de justice pour l'aliénation de l'immeuble dotal, a été guidé par un tout autre principe que celui de l'autorisation. Il ne s'agit plus de l'autorisation maritale, que celle de la justice peut remplacer, mais d'une permission nécessaire également aux deux époux (art. 1560) pour aliéner un bien qui, en vertu de leur contrat de mariage, aurait dû être inaliénable. Dans l'art. 2144 C. C., ce n'est pas une autorisation que le tribunal donne à la femme, c'est une ratification donnée, en connaissance de cause, par le tribunal, et cette ratification revêt le caractère d'un jugement susceptible d'appel.

Nous croyons donc pouvoir dire que les contrats entre époux étant permis en principe, la femme n'aura besoin, pour contracter avec son mari, que de l'autorisation de celui-ci.

Nous ne nous posons pas la question de savoir si la femme pourra attaquer, pour incapacité, les actes qu'elle aura passés avec son mari, parce que l'art. 217 exige seulement le concours du mari dans l'acte pour habiliter sa femme. Mais, comme on pourrait peut-être chercher à prouver que le mari a comparu sans autoriser sa femme, et dans un but autre que celui de la rendre capable, nous croyons qu'il sera prudent d'insérer dans l'acte la mention expresse que le mari autorise sa femme.

POSITIONS.

DROIT ROMAIN.

I. La sommation faite au mandataire peut-elle constituer le débiteur en demeure? — Non.

II. La règle : *Dies interpellat pro homine*, existait-elle en droit romain? — Non.

III. Le juge doit estimer la chose, dans les actions de droit strict, suivant la valeur de la chose au moment de la litiscontestation, et non au moment du jugement.

IV. Après la mise en demeure du créancier, le débiteur peut-il abandonner la chose? — Non.

V. Peut-on purger la demeure après la litiscontestation, et par ce moyen ne pas encourir la clause pénale? — Non.

DROIT FRANÇAIS.

DROIT CIVIL.

I. Les époux peuvent-ils, par leur contrat de mariage, renoncer au droit de se faire des donations? — Non.

II. La donation entre époux est-elle caduque par le prédécès du donataire? — Oui.

III. Les donations déguisées entre époux sont-elles nulles? — Oui.

IV. Les donations déguisées sont-elles soumises à l'obligation du rapport? — Non.

V. Les contrats sont-ils permis en principe entre époux? — Oui.

VI. Quel est le sort des contrats passés par les époux au mépris des dispositions de la loi? — Ils sont nuls.

VII. La société universelle de tous biens présents est-elle permise entre époux? — Non.

VIII. La transaction est-elle permise entre époux? — Oui.

IX. L'art. 2146 C. C. est-il opposable à la femme veuve ou à ses héritiers qui ne se sont pas conformés à l'art. 8 de la loi des 23-26 mars 1855, dans le cas où le mari est déclaré en faillite et dans le cas où la succession de celui-ci est acceptée sous bénéfice d'inventaire? — Oui.

PROCÉDURE CIVILE.

I. Quel est l'effet des offres réelles au point de vue de l'évaluation de la demande? — Elles en diminuent le montant, dans le cas où la demande comprend plusieurs dettes.

II. Le juge de paix est-il exclusivement compétent pour connaître des différends soulevés entre les ouvriers ou apprentis et leur patron, lorsque celui-ci est défendeur, et qu'il a contracté avec eux pour son commerce, ou à l'occasion d'une opération commerciale, en supposant, du reste, qu'il n'existe pas de conseil de prud'hommes? — Oui.

III. La femme peut-elle se porter adjudicataire des biens expropriés sur son mari ? — Oui.

DROIT COMMERCIAL.

I. La société en nom collectif peut-elle avoir lieu entre époux mariés sous le régime de la communauté légale ? — Non.

II. L'hypothèque de la femme porte-t-elle, en cas de faillite, sur les biens advenus au mari par succession et partage sur licitation ? — Oui.

III. La femme, avant d'avoir payé, a-t-elle le droit d'être *actuellement* colloquée sur les biens de son mari *failli*, pour le montant des dettes qu'elle a contractées solidairement avec lui ? — Oui.

DROIT PÉNAL.

I. L'acquittement prononcé par une Cour d'assises est-il un obstacle à une poursuite correctionnelle ? — Non.

II. L'art. 58 C. P. est-il applicable à l'accusé qui ne doit être condamné à des peines correctionnelles que grâce à l'admission en sa faveur de circonstances atténuantes ? — Non.

DROIT ADMINISTRATIF.

I. Les tribunaux sont-ils forcés de surseoir purement

et simplement, dès que l'arrêté de conflit leur a été présenté? — Oui.

II. Un ministre du culte peut-il être poursuivi à raison des faits commis dans l'exercice de ses fonctions, sans avoir été préalablement déféré au conseil d'État pour abus? — Oui.

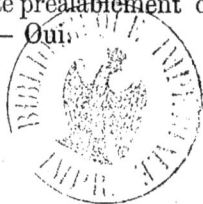

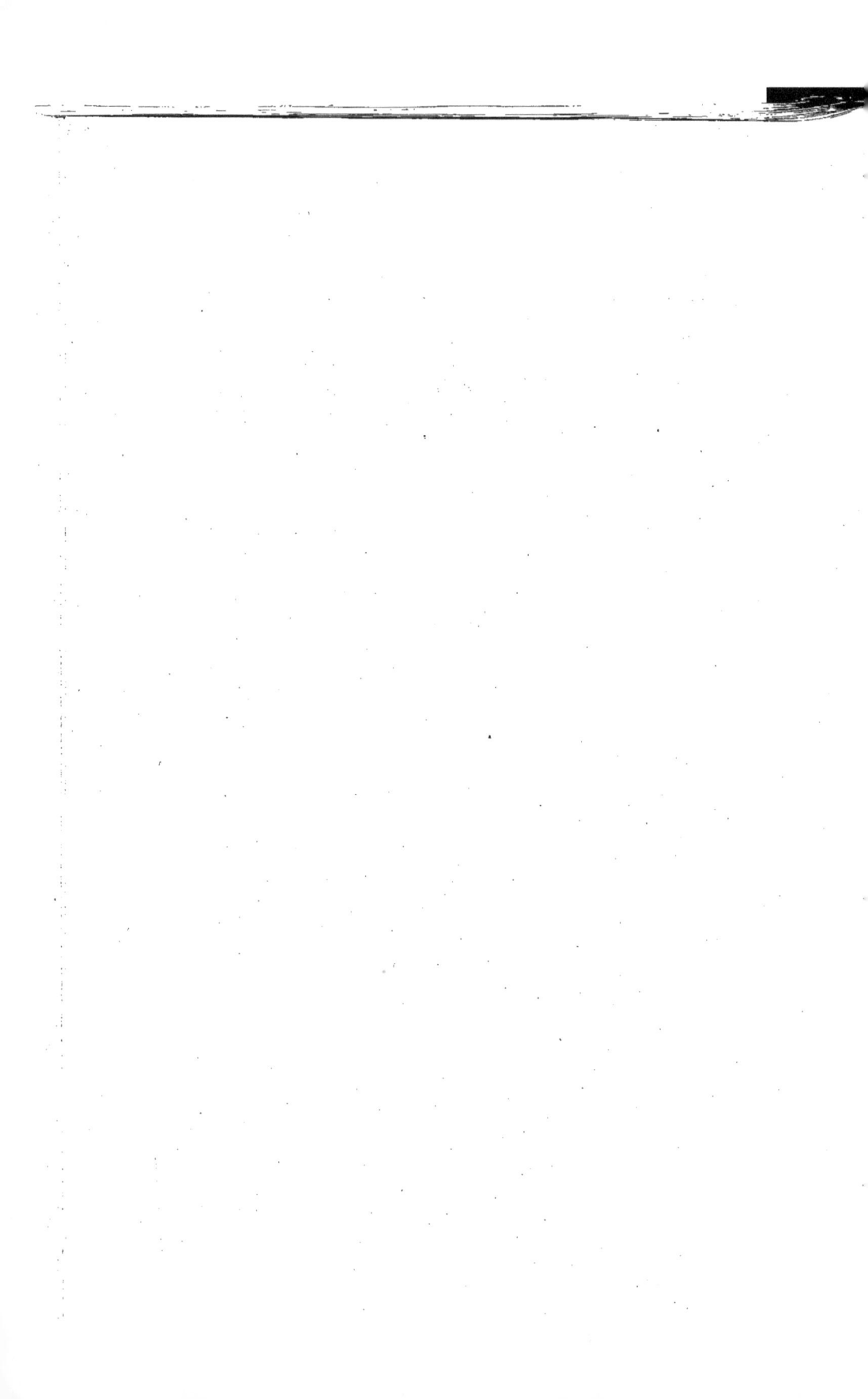

TABLE DES MATIÈRES.

DROIT ROMAIN.

De la demeure.

DROIT FRANÇAIS.

Des contrats entre époux.

FIN DE LA TABLE.

Poitiers. — Typ. de A. Dupré.

www.ingramcontent.com/pod-product-compliance
Lightning Source LLC
Chambersburg PA
CBHW060553210326
41519CB00014B/3463